중세의 잔혹사 마녀사냥

중세의 잔혹사 마녀사냥

신의 심판인가 광기의 학살인가?
마녀사냥의 허구와 진실

양태자(비교종교학 박사) 지음

이랑
BOOKS

:: 목차

마녀는 과연 존재했을까?

인류사에는 세기가 변하고 문명이 발달해도 과학적으로 증명되지 않는 기이한 사건들과 풀리지 않은 "왜?"라는 질문들이 늘 도사리고 있다. 이런 불가사의 중 하나가 '마녀의 존재 유무'이다. 사전에서는 마녀를 "유럽 등지의 민간 전설에 나오는 요녀妖女"라고 정의하지만, 수백 년이 흐른 지금도 마녀의 존재 유무를 뚜렷하게 정의 내리지 못하고 있는 것이 사실이다.

사실 '마녀'라는 단어는 인류사를 거슬러 올라가 보면 다양한 문화권 안에서 발견할 수 있다. 하지만 유럽만큼 마녀의 이야기가 쏟아져 나온 곳은 드물다. 중세 유럽에서는 많은 사람이 마녀사냥을 당했고 마녀로 몰려 죽임을 당하였다. 즉 중세의 마녀사냥은 유일신만이 존재하는 그리스도교의 이름 아래 "그리스도교를 지키기 위하여"라는 명목으로 진행된 것이다. 현재 유럽의 마녀 재판을 연구하고 있는 독일의 역사학자 볼프강 베링거Wolfgang Behringer 는 마녀사냥으로 죽임을 당한 사람이 독일어권에서만 약 6만여 명 정도라고 추산하고 있다(학자마다 희생자의 숫자에 대해서는 의견이 엇갈린다). 이 숫자의 사람들을 축구장 같은 곳에 세워 놓고 한꺼번에 죽였다고 상상해 보라. 상상만으로도 치가 떨리고 무섭지 않은가. 지금 유럽에서는 이런 과거를 문화사의 한 범주로 놓고 활발하게 연구하고 있다. 대표적으로 독일 같은 경우는 1970년대부터 많은 연구가 진행되고 있으며 이 분야에서 수십 명의 박사 학위자를 배출하였다.

필자는 몇 년 전 독일 마르부르크Marburg의 한 관청에서 열린 강연 프로그램에 참석한 적이 있는데, 그 강연 주제 중 하나가 마녀사냥이었다. 강연이 있던 날, 매우 일찍 관청에 도착하여 '어떤 강연일까?' 기대하며 기다렸던 기억이 지금도 생생하다. 연사는 박사학위 논문으로 「옛 헤센 주의 마녀사냥과 마녀재판」을 쓴 독일 남자였다. 그는 마르부르크와 프랑크푸르트Frankfurt가 포함된 헤센 주에서 일어났던 마녀사건을 주제로 하여 역사적인 사실을 정확하게 학술적으로 엮어 기대 이상으로 수준 높은 강연을 들려주었다. 강연이 끝나고 그는 많은 청중에게 관심 어린 질문을 받았다. 필자도 그의 저서를 한 권 산 후 책에 그의 사인을 받아두었다. 당시 필자는 그곳에 장기 체류 중이었는데 그의 저서 속에 나오는, 마녀사건이 일어났던 헤센 주의 마을들을 전부 돌아보지 못한 것이 지금도 아쉬움으로 남는다.

또 하나, 뷔르츠부르크Wuerzburg 부근에 있는 수녀원 한 곳을 방문하지 못했던 아쉬움도 무척 크다. 이 책에는 마녀로 몰려 참수당한 '레나타Renata 수녀'의 이야기가 나오는데, 그 이야기의 무대였던 수녀원이 아직도 존속한다는 것을 그 뒤 자료를 통해 알았기 때문이다. 진작 알았더라면 그 수녀원을 방문하여 전해 내려오는 당시의 이야기들을 생생하게 들을 수 있었을 텐데…… 언젠가 다시 독일에 가게 되면 슬픈 역사가 스며 있는 그 수녀원을 방문하여 꼭 취재해 보고 싶다.

필자는 마녀사냥이 일어났던 많은 도시를 직접 방문했다. 지난번 책(『중세의 뒷골목 풍경』『중세의 뒷골목 사랑』)에서도 밝혔지만, 당시 마녀사냥이 일어났던 도시 중 뷔딩겐Buedingen과 겔른하우젠Gelnhausen 그리고 이드슈타인Idstein 등은 지금도 그 흔적을 고스란히 간직하고 있다. 이런 곳들은 한 번의 방문으로 그친 것이 아니라 여러 번 방문하여 사진을 찍고 자료들도 모았다.

겔른하우젠에 갔을 때에는 마녀 성에 갇힐 뻔하기도 했다. 몇 번이나 그 도시를 방문했지만 해설자가 따르는 날은 드물었는데, 그날은 마침 해설자가 독일인 그룹을 데리고 다니며 마녀 성에 대해 설명하고 있었다. 필자는 해설자에게 양해를 구하고 독일에서 신학 공부를 하는 후배와 함께 단체 관람에 합류했다. 그곳에 몇 번이나 갔어도 마녀 성의 문은 늘 굳게 잠겨 있었는데 이날은 내부까지도 구경할 수 있는 절호의 기회, 아니 늘 마녀 성의 외부만 보고 갔기에 이런 기회는 횡재에 속한다는 표현이 더 맞을 것 같다. 우리는 해설자의 설명을 들으면서 한 층씩 한 층씩 천천히 성의 위층으로 올라갔다. 드디어 마녀 성의 제일 꼭대기 층에 이르자, 당시 사용했던 마녀 고문대가 눈앞에 드러났다. 고문기구들은 매우 참혹했다. 책에서만 보던 것들을 실제로 보면서 책에서 읽은 내용과 연관 지었더니 고문기구들이 더 생생하게 다가왔다. 필자는 고문기구마다 손을 대보며 책에서 읽었던 무시무시한 사건들을 그 감촉과 함께 상상으로 엮어 나갔다. 열심히 사진도 찍었다. 철 가시로 만든 철 의자에 앉으니 만감이 교차했다. 이런 곳에 갇혀서, 철 가시가 튀어나온 철 의자에 묶여 고문을 당하면서 뿜어냈을 그들의 신음과 처절한 울부짖음을 상상하니 종교라는 이름이 갑자기 무서워졌다. 도대체 종교가 무엇이란 말인가?

마녀로 몰려 이곳에서 온갖 무자비한 고문을 당했던 이들은 그리스도교의 이분법에 따른 선과 악의 갈래에서 '악'의 무리에 강제로 분류되어 억울하게 목숨을 잃었다. 이는 분명 예수 본래의 정신은 아니었을 것이라고 믿는다. 당시 그리스도교의 본래 정신은 잊은 채 그리스도교를 보호한다는 구실 아래 이런 악행을 끝없이 자행했던 그리스도교의 수장들이 개인적으로는 원망스럽기까지 했다. 이 책을 읽는 독자들도 이들의 무자비함이 극치에 이른 것을 볼 수 있을 것이다.

당시의 시간으로 잠시 돌아가 무시무시하게 고통당하며 죽어 갔을 영혼들을 회상하고 있는데, 갑자기 바깥에서 필자의 이름을 부르는 후배의 목소리가 들렸다. 알고 보니 안내를 끝낸 해설자가 마녀 성의 문을 잠그려고 하는데 후배가 주위를 돌아보니 필자가 없더라는 것이다. 후배는 급히 성 안 1층 계단으로 다시 들어와 필자의 이름을 저 위층까지 들리도록 몇 번이나 불렀던 모양이다.

그날 필자가 후배와 동행하지 않고 혼자 갔다면 어떤 일이 벌어졌을까? 해설자는 동양인 한 사람이 있었는지 없었는지 생각도 하지 못했을 것이고 확인 없이 그냥 문을 잠갔을 수도 있다.

지금 겔른하우젠 시에서는 마녀로 몰려 억울하게 죽어간 이들을 재조명하며 그들의 명예를 회복시켜 주고 있다. 그 표징으로 마녀 성 앞마당과 시 교회의 앞마당에는 억울하게 죽은 이들의 넋을 기리는 여러 가지 기념비가 세워져 있다. 마녀 성 안은 여전히 어두컴컴하고 음울했지만, 마녀 성 바깥의 푸른 초원 위에 세워진 그 기념비들은 환하게 빛나고 있으니 그나마 다행이라고 할까. 영혼이 있다면, 이런 기념비를 통해 넋이나마 위로받았기를 개인적으로 기원한다. 물론 천국이 있어 그곳에 가 신을 만났다면, 신은 분명 그들을 보듬어 주었을 것이다

필자가 당시 해설자에게 중세 유럽의 마녀사냥에 관심이 많고 이에 대해 한국에서 책을 낼 예정이라고 말했더니, 그는 질문이 있으면 물어보라며 자신의 메일 주소를 알려주었다. 그러면서 유럽의 마녀사냥을 한국에 잘 알려달라는 덕담도 잊지 않았다.

도저히 현실에서 일어날 법한 이야기가 아니기에 독자들은 이 책의 내용을 믿을 수 없을지도 모른다. 하지만 안타깝게도 이 이야기는 전부 사실에 바탕을 두고 있다. 많은 자료가 수백 년 동안 전해지고 있고 독일 학자들의 연구물도 꾸준히 쏟아져 나오고 있다. "당시에 이런 일들이 정말 가능했단 말인가?"라는 의문이 든다면 소설 『반지의 제왕』이나 『해리포터』를 떠올려 보길 바란다. 과거의 자취를 바탕으로 나온 이 작품들을 읽어본다면 당시의 상

황이 더 이해가 될 것이다.

그리고 이 책에서는 성인 남녀와 어린이를 가리지 않고 '마녀사냥' '마녀' 등으로 총칭해서 썼음을 밝힌다. 마녀라는 말 속에는 여성뿐만 아니라 남자나 어린이도 포함되어 있기 때문이다. 독자의 편의를 위해 여자는 '마녀'로 남자는 '마남' 내지는 '마술사'로 칭하여 구분하려 했으나, 그렇게 하면 '마녀'가 주는 느낌을 제대로 살릴 수 없을 것이라는 생각이 들었기에 이 책에서는 여자와 남자, 어린이까지 모두 마녀로 칭했음을 밝혀 둔다.

지금까지 필자가 출간한 책들이 중세 유럽사의 다소 단편적인 이야기를 모은 것이라면, 이 책은 '마녀사냥'이라는 테마 하나를 가지고 중세 유럽사를 좀 더 깊게 다룬 책임을 밝힌다. 한국 독자들도 이를 통해 중세 유럽 문화사에 대한 더 깊은 지식을 얻을 수 있기를 바란다. 더불어 현재 내가 살아가는 시대나 지금 나의 환경과 마녀사냥의 광풍이 몰아치던 당시를 비교해 보면서 내 삶의 진화에 작은 도움이 될 수 있기를 바라는 마음이다.

- 2015년 1월, 대전에서 저자 양태자

1부... 마녀사냥이 일어난 시대적 배경

냉혹한 눈으로 보면 성서에는 진리가 없을지도 모른다. 당대의 학자들이 이렇게 나서서 마녀사냥을 학문과 연관 지어 옹호한 자체가 어리석음의 극치였기 때문이다. 시대가 바뀌어도 불변하는 것이 진리이다. 성서의 해석 또한 마찬가지이다. 시대에 따라 성서의 해석이 달라진다면 그것은 진리가 아님을 반증하는 것이 아닐까. 이는 학설 몇 개를 예로 들어봐도 그렇다. 코페르니쿠스와 아인슈타인, 그리고 수많은 자연과학자가 주창했던 많은 학설 중에도 지금은 쓰레기통에 버려진 것도 많다. 지금 이 시대에도 학문이란 이름으로 비슷한 잘못을 저지르고 있는 것은 아닌지 반성해 보아야 한다.

그리스도교에서 말하는
마녀의 개념

누가 마녀인가?

'마녀'라는 단어를 들으면 어떤 이미지가 연상되는가? 어린이
들이 즐겨 보는 서양 동화에 나오는, 마술을 부리고 사람에게 해
코지를 하며 등이 굽고 코가 구부러진 데다 영물이라고 불리는 검
은 고양이를 안고 있는 고약하고 심술궂은 노파를 떠올릴 사람이
많을 것이다. 동화 속의 마녀들은 젊은이나 어린이들을 잡아먹기
도 하고 초자연적인 힘인 (흑)마술을 사용하면서 나쁜 일을 꾸민
다. 이들은 주로 숲 속 깊은 곳에 거주하면서 고양이나 까마귀를
기르는 경우가 많다. 그렇다면 이런 마녀는 동화 속에만 나오는
것이 아니라 실제로 중세 유럽에 존재했을까?

동화 속에 나오는 마녀가 실제 존재했는지에 대해서는 아직도
의견이 분분하다. 확실한 것은 마녀라는 개념이 있었고, 마녀사냥

을 했던 자취가 아직 남아 있다는 것이다.

마녀라는 개념은 중세 유럽에만 국한된 것이 아니라 전 인류사에 늘 존재했다는 것이 대다수 학자의 일치된 견해이다. 중동 지방인 아시리아Assyria와 바빌론Babylon에는 빗자루를 타고 하늘을 나는 마녀의 이야기가 전해지고 있다. 그리스 로마 신화에는 인간이 신과 성적인 관계를 나누는 이야기가 등장하며 『탈무드Talmud』에는 '마귀는 서로 짝을 이루어 부부가 될 수 있다'고 적혀 있다. 마녀에 대한 이야기는 이처럼 오래전부터 인류사에서 다양하게 언급되고 있다. 그러다가 마녀가 인간을 공격한다는 이야기가 나오기 시작하면서 점차 '인간을 죽이는 나쁜 마귀'로 마녀의 이미지가 굳어진 것으로 학자들은 보고 있다. 이러한 마녀의 개념은 나중에 유럽의 그리스도교에 접목된다.

마녀Hexe라는 개념을 넓게 살펴보면 마귀나 사탄, 데몬이라는 단어들도 함께 등장하는데, 앞으로 소개할 내용의 이해를 돕기 위해 간략하게나마 개념 정리를 해본다.

그리스도교의 구약에서 사탄Satan은 유일신 하느님의 반대자를 의미한다. 신약에서는 사탄과 마귀Teufel를 같은 개념으로 사용하지만, 중세에는 마귀와 데몬(악령, Daemon)을 같은 개념으로 보았다. 좀 더 구체적으로 밝히면 신약에서는 사탄을 '신의 창조물'로 보았다. 즉 사탄은 천사가 타락한 존재이자 사람들을 악의 길로 이끄는 자이며 신과는 정반대 편에 있다. 신약, 구약 그리고 중세 그리스도교의 교리에서 나온 이 개념을 종합해 보면 사탄은 나쁜 힘이자 마귀나 데몬의 제왕이라고 볼 수 있는데, 신학자들의 저서에도 이와 유사하게 표현되고 있다.

그리스도교 신학에서 마귀나 데몬이 인간의 몸이나 동물의 몸으로 들어갈 수 있다고 보기 시작하면서부터 마녀사냥을 정당화하는 각종 학설이나 논거가 지지를 받게 되었다. 정상적인 사람은 하느님 안에서 평온하지만 마귀나 데몬이 몸으로 스며들게 되면 빗자루를 타고 하늘을 날며 인간을 해치고 날씨를 나쁘게 만드는 등의 악행을 저지르게 되니 이를 응징해야 한다는 것이다. 이런 힘을 행하는 자들을 마녀라고 칭하게 되었으며(이 책에서는 마귀나 사탄, 데몬, 악령 등을 모두 '마귀'로 통일하여 서술하였다) 이들을 처단할 이론적 기반도 광범위하게 퍼져 나가기 시작했다.

백마녀와 흑마녀

마녀는 다시 백마녀와 흑마녀로 나눌 수 있다. 사람들에게 해를 끼치고 나쁜 일을 저지르는 마녀는 흑마녀, 사람들을 돕고 마을의 평안을 기원하는 일을 하는 마녀는 백마녀라고 불렀다. 미시사학자 카를로 긴즈부르그Carlo Ginzburg의 연구에 의하면 이탈리아 북동부의 프리울리Friuli에는 백마녀가 실제로 존재했다고 한다. 백마녀들은 마을을 위해 살았는데, 날씨가 좋지 않다거나 전염병이 돈다거나 곡식 수확이 좋지 않을 때에 마을을 위해 축원하고 마을의 안녕을 비는 예식을 올렸다. 이런 의식은 16세기까지 존속하다 점차 사라졌다. 이들이 사라졌다는 것은 유럽이 점점 그리스도교화가 되면서 갖은 핍박을 받다 결국은 그리스도교에서 말하는 마녀로 몰려 죽었다는 의미로 해석할 수 있다.

독일 뉘른베르크^{Nürnberg}에도 1530년에 성 밖에 살았던 한 점쟁이 여자의 자료가 남아 있다. 지금도 문제가 있을 때면 급한 마음에 점쟁이를 찾아가는 사람이 있는 것처럼, 당시의 뉘른베르크 사람들도 급한 문제가 생기면 이 점쟁이 여자를 자주 찾아다녔다고 한다. 관청과 그리스도교에서는 그녀를 위험한 존재로 여겼을 것이고, 그 이후 그녀의 삶이 어떻게 전개되었을지는 충분히 상상할 수 있다.

사실 유럽에서 그리스도교는 외래 종교였다. 유럽으로 들어온 그리스도교는 게르만족과 슬라브족 등이 태곳적부터 믿었던 종교와 관습과 제례를 없애 버렸다. 우리나라에 그리스도교가 전해졌던 때도 이와 유사한 일이 벌어졌다는 것을 대부분 알고 있을 것이다. 그리스도교가 전해지기 전, 우리나라에는 불교와 도교, 유교, 무교 등이 자리 잡고 있었다. 더 깊이 들어가 보면 사실 불교와 유교, 도교조차도 엄밀한 의미에서는 다른 곳에서 들어온 외래 종교이고 우리나라의 전통종교는 무교밖에 없다고 말하는 학자도 있다. 아무튼 그리스도교 외의 다른 외래 종교가 유입될 때에는 전통종교와 큰 마찰을 일으키지 않았는데, 유독 그리스도교가 전래될 때에는 제사 문제 등으로 피바람이 불었던 전례가 우리에게도 남아 있지 않은가. 이 사실을 기억해 본다면 중세의 마녀사냥에 대한 이해가 좀 더 쉬울 것이다.

중세 유럽의
뒷골목 풍경

민중의 삶은 어떠했을까?

우리는 여행이나 영화 혹은 다른 대중매체를 통해 들여다본 중세 유럽에 대해 대체로 긍정적이고 좋은 이미지를 가지고 있다. 휘황찬란한 궁전에서 노니는 왕과 귀족들, 어마어마하고 화려한 교회에서 밝고 호사스럽게 사는 가톨릭의 교황 또는 추기경들의 모습이 중세 유럽의 이미지로 먼저 떠오르는 사람이 많을 것이다. 이들이 살다간 자취는 현재 관광지로도 큰 명성이 나 있고, 독일 뮌헨München 부근의 백조의 성과 프랑스 베르사유 궁전 및 쾰른 교회 등등 손으로 꼽을 수 있는 유적 역시 수없이 남아 있다.

하지만 그들과 같은 시대를 살아간 민중의 삶에 대해서는 구체적으로 아는 사람이 드물다. 사는 곳은 물론 주류 문화와도 멀리 떨어진 탓도 있지만, 역사가 상류층을 중심으로 기록되어 있기 때

18

문에 알기 어려운 이유도 있다. 하지만 다행스럽게도 독일 같은 경우는 이들에 관한 학계 연구물이 쏟아져 나온 상태라서 멀리에 있는 우리도 어느 정도 그들의 삶을 엿볼 수 있다.

귀족이나 왕족, 교회 수장들의 삶이 밝고 화려한 색으로 표현된다면 민중의 삶은 그 반대인 비참하고 어두컴컴한 색으로 표현할 수 있다. 어둠을 밝히는 초나 기름 같은 기본적인 생필품도 특수층의 전유물이었기 때문에 민중은 어두컴컴하고 퀴퀴한 냄새가 감도는 환경 속에서 살아갔다.

사학자 마이어Meyer는 이런 이야기를 전했다. "당시의 민중은 곤궁과 가난에 찌들었고 하루하루 생의 무게를 견디다 못해 도피처를 찾아다녔다. 즉 식물에서 추출한 액체를 마시고 황홀이나 흥분, 무아경 속으로 피신했던 것이다. 그 액체를 마시면 마실수록 점점 더 강렬한 자극제나 흥분제를 필요로 했고, 그러다가 중독 증상을 일으키는 사람도 있었다."

마이어는 이런 상황을 마녀와도 연관 짓는다. 그 증명으로 제시한 것이 바로 '헥센바인Hexenwein', 이름 그대로 '마녀와인'이다. 이 와인은 일반 와인과는 달리 쌉쌀한 맛인데 마취제를 섞어 만들었기 때문이라고 한다.

당시 민중의 고달픈 삶은 독일의 농민전쟁을 통해서도 상기할 수 있다. 1524년부터 2년 동안 일어난 이 전쟁은 왕족과 귀족, 교회 수장들의 수탈에 항거하며 농민들이 일으킨 것이다. 권력층의 수탈이 목까지 차오르자 농민들은 곡괭이와 삽을 들고 전쟁을 일으켰지만 결국은 패하고 말았다. 그러나 이들이 전쟁을 일으켰다는 사실만으로도 왕이나 귀족 그리고 교회의 수장들은 일말의 경각심은 갖게 되었을 것이다.

마이어는 당시 민중이 살던 집에 대해서도 언급했다. 집 안에는 오물이 뒹굴고 짚으로 엮어 만든 침대에서 잠을 잘 정도로 환경이 열악했다고 한다. 화장실도 초라했다. 화가 피테르 브뢰헬(Pieter Bruegel, 1525~1569)은 당시 민중이 살아가는 모습을 그림으로 남겼는데, 그의 그림에는 공중화장실이나 거리에서 똥오줌을 누는 사람의 모습이 많이 묘사되어 있다. 옛날 우리나라 시골에 있었던 화장실보다 중세의 화장실이 더 열악했을 것이라는 상상도 할 수 있다. 굽 높은 구두가 생긴 것도 당시 거리의 오물을 피하기 위해서였다는 일화가 전해지지 않는가. 이런 상태이니 궁이나 성, 화려한 교회를 제외하고 민중이 좋은 음식을 먹을 수 있었을리 만무하다. 이들의 음식은 밀가루에 콩을 넣은 수프가 고작이었고 음료는 물과 우유가 전부였다. 옷은 보온을 위해 동물 가죽으로 만들어 걸쳐 입는 게 다였다. 왕족이나 귀족, 교황이 아니면 열심히 일을 해도 겨우 입에 풀칠할 정도였다고 마이어는 밝히고 있다.

길거리의 사람들

짚이라도 깔고 누울 수 있는 집을 가졌다면 피라미드 구조 중에서는 그나마 한층 위에 속한 사람이었다. 집 없이 거리를 떠도는 자, 즉 '길거리의 사람들'이라고 불리는 이들은 하루 벌어 하루 사는 최하층 인생이었다. 이들은 거리와 시장, 그리고 광장에서 하늘을 지붕으로 삼고 땅을 침대 삼아 그냥 먹고 자면서 살아갔다.

이 부류의 대표적인 사람들로는 광대와 점쟁이, 유랑인, 집시, 장돌뱅이, 거리의 악사 등이 있는데 이들은 무리를 지어 오늘은 여기, 내일은 저기로 옮겨 다니며 되는 대로 그냥 살았다.

이런 구차한 생활을 하는 이들이 갑자기 병이라도 걸리거나 급한 문제에 부딪힌다면 어떻게 대처했겠는가? 왕족이나 귀족, 교회의 수장들처럼 바로 치료를 받는 등 다른 사람들의 도움을 받을 수 있었을까? 이들은 병이 걸리거나 다급한 일에 부딪히면 그리스도교가 아니라 예부터 전해 내려오는 전통종교에 기댈 수밖에 없었다. 용한 점쟁이나 약초를 잘 아는 이들을 찾아다녔고, 자기들만이 알고 있는 성지를 찾아다니며 문제 해결을 위한 기원과 함께 제물을 바치는 게 최선이었다. 그리스도교의 교리에 따른 삼위일체 신인지 아닌지 따져볼 겨를도 없었다. 이들은 자기 입에 풀칠하기도 어려웠고 글도 몰랐기 때문에 앞에서 말하는 삼위일체의 종교보다 지금 나에게 도움을 주는 그 무엇을 당장 원했다. 그리스도교의 교리대로 살면 천국행을 보장한다고는 하지만 있을지 없을지도 모르고 심지어 갈 수 있을지조차 알 수 없는, 교리에만 존재하는 천국에 대한 기대감보다는 코앞에 떨어진 현실 문제 해결이 더 급선무였을 것이다.

한편 그리스도교에서는 민중이 찾는 예식과 제례를 사악한 이단으로 취급했다. 민중이 전통종교에 의지하면 할수록 그리스도교는 점쟁이는 물론 약초를 다루는 사람들까지 마녀라고 몰아붙였다. 그러다 성서를 인용하면서 '신이 아닌 것과 그리스도교 교리에 따르지 않는 것은 모두 마귀'라는 극단적인 이분법을 주장하기에 이르렀다. 그리스도교의 선과 악이라는 이분법이 중세의 시대적 환경과 잘 맞아 떨어진 경우라고 볼 수 있다.

민중이 전통종교에서 해결책을 찾으려면 할수록 이를 사악한 행위로 규정하고 마녀사냥을 통해 신의 심판을 하려는 반대세력도 기승을 부렸다. 그럼에도 전통종교 숭배는 사라지지 않았고 민간에 점점 깊게 뿌리를 내려갔다. 이런 사실을 참고하여 중세 분위기를 파악하면 그리스도교가 왜 그토록 마녀사냥에 매달렸는지를 더 잘 이해할 수 있을 것이다.

그리스도교와
전통종교의 혼합주의

마법을 부리는 자들을 응징하라

갖은 수단과 방법을 동원하였지만, 그래도 전통종교의 싹을 잘라내지 못하자 668년경 그리스도교에서는 전통종교의 미신을 따르는 자들에 대해 다음과 같은 지침을 내리며 경고하기에 이른다.

* 그리스도 외의 신에게 제물을 바치면 벌을 내린다. 적은 제물을 바쳤을 경우에는 1년간 속죄형에 처하고, 많은 제물을 바쳤을 경우에는 10년형에 처한다(제물 양의 기준이 모호하지만, 어쨌든 법으로 정하여 처벌하면 사람들은 제물을 바치는 행위 자체를 두려워할 것이다).
* 어머니가 자기 딸을 데리고 지붕으로 올라가거나, 딸의 열병을 치유한다는 명목으로 딸을 빵 굽는 화덕으로 데리고 갈 때에는 5년간 속죄형에 처한다.

* 누군가가 죽은 곳에서 살아 있는 자의 건강을 기원한다며 날곡식을 태우면 5년간 속죄형에 처한다.
* 점을 친다거나 (흑)마술을 부리면 죄의 경중에 따라 각각 1년, 120일, 40일간 속죄형에 처한다.
* 전통종교의 방식으로 점을 치거나 꿈을 풀이하고 마술을 가르치는 이를 집으로 데려오는 경우 5년간 속죄 형에 처한다.
* 누가 제물로 바친 것을 먹었다면 사제들에게 벌을 받아야 한다.

고해성사로 영혼까지 조종하다

1215년경부터 그리스도교는 신자들의 영혼을 통제하는 방법 중 하나로 고해성사를 전면에 내세운다. 교회에서 정해준 규정대로 신자들은 신부에게 모든 죄를 고해하지 않으면 안 되었다. 뿐만 아니라 부부의 성관계까지 그리스도교 교리에 따라야 했다. 즉 교회에서 "부부가 함께 잠을 자면 안 되는 날에 잠자리를 하였다면 지옥에 간다"라든가 "장애를 가진 아이가 태어난다" 등의 어처구니없는 말로 사람들을 위협한 것이다. 중세의 부부는 교회법에 따라 어느 날은 부부관계를 해도 되었고, 어느 날은 해서는 안 되었다. 이것을 지키지 않으면 엄한 벌이 따랐는데, 이 모두를 고해성사를 통해 통제하였다. 교회법을 어겼다면 반드시 고해성사로 자신의 죄를 고백해야 했다.

당시 유명 신학자들까지 교리와 학설로 이를 뒷받침해 주었기 때문에 이런 이야기는 구체적으로 효력을 발휘할 수 있었다. 특히 초기 그리스도교의 대표적인 철학자이자 신학자인 아우구스티누스(Aurelius Augustinus, 354~430)의 교리가 지대한 영향을 끼쳤다. 세상은 철저하게 신과 악으로 구분되어 있다고 주장한 그 덕분에 12세기 중세 유럽에서는 신의 성사와 마귀의 성사, 즉 그리스도교의 이분법이 득세할 수 있었다.

란덴 지방에 남아 있는 금기 자료

이번에는 독일 란덴Landen 지방에 남아 있는 1652년 경의 금기 자료를 살펴보자.

* 발푸르기스의 밤(Walpurgisnacht, 4월 30일의 밤부터 5월 1일의 밤을 지칭하며 이날 마녀들이 독일 하르츠Harz 산맥의 최고봉 브로켄Brocken 산상에 모여 술을 마시고 춤을 추며 논다고 알려져 있다)에 십자로에서 휘파람을 불면 마녀를 불러내는 행위로 간주한다.

* 발푸르기스의 밤에 마녀의 성으로 올라가면 당장 마녀로 몰린다.

* 빗자루를 들고 가파른 비탈길을 올라가 보면 그 사람이 마녀인지 아닌지 당장 알 수 있다(이는 우리가 잘 알고 있는 '마녀는 빗자루를 타고 하늘을 난다'는 주장과 관련이 깊다. 이런 주장은 오랜 옛날부터 각 문화 속에 전승되어 오다가 문명화와 더불어 사라진 것은 아닌지 생각해 볼 수 있다).

* 누구도 이웃에게 응고된 우유가 담긴 냄비를 빌려 주어서는 안 된다. 그 냄비에 저주가 걸려 있을 수 있기 때문이다.

1652년은 앞의 668년보다 거의 1000년이 흐른 후이고 1215년과 비교해도 400년이나 더 흐른 후이다. 그럼에도 여전히 이런

발푸르기스의 밤Walpurgisnacht 상상도

금지 규정이 내려졌다는 것은 전통종교의 잔재가 생각보다 민중
에게 매우 뿌리 깊게 내렸다는 증거로 볼 수 있다. 그 시대 민중이
얼마나 전통종교에 의지하고 있는지, 얼마나 그 전통에 뿌리박고
있는지를 알 수 있는 사례인 것이다.

민중에 뿌리내린 전통종교
앞에서도 언급했지만, 이런저런 규제에도 전통의 관습은 민중에게 깊게 뿌리내리고 있었다. 사람들은 "폭풍우가 몰아치는 것도 마귀의 짓" "음식을 먹은 후 트림을 하는 것도 마귀의 짓(이 영향 때문인지 지금도 독일에서는 식사 후 트림을 하면 매우 예의범절이 없는 사람으로 간주한다)" "배에 가스가 차는 것도 마귀의 짓" "옆집 아이가 아픈 것도 마귀의 짓" "소가 죽는 것도 마귀의 짓" "기침을 하는 것도 마귀의 짓(기침할 때에 마귀의 목소리를 듣는다고 생각했기 때문이다)" 이라고 생각했다. 중세 후기로 갈수록 이런 관념들은 더 성행했다. 중세 유럽에서는 이처럼 그리스도교가 전파되기 전의 문화나 전통종교가 그리스도교와 장시간 부딪히며 싸우고 있었다.

당시 마녀 희생자 중 여성이 더 많았던 것은 성서 해석의 차이 때문이라는 의견이 지배적이다. 중세 사람들은 학자, 특히 신학자의 말을 철석같이 믿었다. 만약 당시 신학자들이 주장한 학설이 진리였다면 오늘날에도 변하지 않고 그대로 적용되어 죄 없는 무수한 사람이 계속해서 마녀재판에 넘겨져야 할 것이다. 하지만 오래전에 마녀재판은 끝났고, 이는 많은 사람을 마녀로 몰고 간 중세 신학자들의 말이 진리가 아니었음을 역설적으로 입증하고 있다. 시대를 주름잡았던 유명한 학자가 주장한 학설도 새 이론이 나오면 사라지는 경우가 흔하다. 절대적인 진리라고 주장할 수 있는 것은 아마도 동쪽에서 해가 뜨고 서쪽에서 해가 지는 등의 자연의 법칙밖에 없을지도 모른다. 마녀사냥의 역사를 통해 우리가 깨달을 수 있는 것은, 절대적인 것처럼 설파되는 이념이나 사고는 어느 시대를 살더라도 조심스럽게 다루어야 한다는 점이다.

그리스도교와 전통종교의 혼합주의

전통종교의 불길을 쉽게 끌 수 없자 그리스도교는 이제 전통종교 안에서 자신들이 받아들일 수 있는 부분을 찾기 시작하였다. 이것을 그리스도교의 '혼합주의Synkretismus'라고 한다. 특히 전통종교에서는 주신과 여러 부신을 공경한다는 사실을 받아들여 민중이 믿는 전통적인 부신 대신 공경할 수 있는 다른 방편을 만들었다. 바로 가톨릭의 성인과 성녀들이 그 자리를 대신하도록 한 것이다. 민중이 처한 상황에 따라 그에 상응하는 성인을 찾아서 기도하면 문제를 해결할 수 있다고 믿게 한 것이다.

전통종교의 주신 대신 그리스도교의 성인이라는 공인이 등장한 뒤로, 그리스도교에서는 물건을 잃어버리면 A성인에게 기도하고 아이를 낳으려면 B성인에게 기도하는 등의 방편을 널리 퍼뜨리기 시작했다. 그리스도교에서는 민중에게 성인들이 전통종교의 신 못지않은 능력을 지니고 있으며 때로는 더 큰 기적을 일으킬 수도 있다고 가르쳤다. 그리고 상황이 심각하거나 위중하다면 그리스도교의 성물을 사용하라고 덧붙였다. 그래도 일이 잘 풀리지 않으면 그리스도교의 사제들에게 마귀를 물리치는 예식을 해달라 요청하라고 했다. 지금도 가톨릭 예식 중에는 특이한 장소에 성수를 뿌린다든지 특정한 일에 십자가를 갖다 댄다든지 하는 식으로 이런 전통이 남아 있다.

게르만 민족의 관습과 축제일도 그리스도교 안으로 끌어들였다. 성탄절 전에 각 가정에서 이루어지는 크리스마스트리 장식은 1539년 스트라스부르Strasbourg에서 시작되었다. 독일에서는 지금

전통종교와 그리스도교의 혼합이 일어난 사례 중 하나가
가톨릭 성인과 성녀에 대한 공경이다. 아래 그림은 농부와 임산부의 수호성녀인
발부르가의 모습인데, 중세인들은 전염병이나 기침 및 눈병 등이 생기면
이 성녀에게 완치를 기원하는 기도를 올렸다

도 성탄절을 맞아 각 집에서 크리스마스 과자를 굽는다. 이것 역시 그리스도교 이전의 전통 풍습에서 비롯된 것으로 풍요와 축복, 건강을 빌고 나쁜 기운을 쫓아내는 행위로 보면 된다. 일부 학자들은 게르만족이 섬기던 여신 디아나Diana의 자리에 마리아가 들어섰다는 주장도 하고 있다. 게르만족의 옛 풍습에 따르면 사람들은 섣달 그믐날이 되면 집안에 불을 환하게 밝힌 후 시끌시끌하고 요란한 축제 분위기 속에서 한 해를 보내고 새해를 맞는다. 이렇게 떠들고 마시고 춤추면서 즐기는 이유는 악신을 쫓아내기 위해서이다. 부활절의 달걀 역시 옛 전통에서 비롯된 것으로 달걀은 토끼와 마찬가지로 풍요를 상징하는 물건이다.

이런 점들을 살펴보면 이제는 '이것은 그리스도교의 것' '저것은 게르만 민족의 전통'이라고 구분 짓기가 어렵다. 이미 오래전에 종교 간 혼합이 이루어져 내려왔기 때문이다. 즉 유대 지방에서 시작되어 유럽으로 들어온 그리스도교가 유럽의 옛 문화와 융합한 사례라고 볼 수 있다.

종교 혼합주의는 한국의 그리스도교에서도 찾을 수 있다. 신자들이 산 기도를 하기 위하여 산으로 간다든지, 교회에서 방언한다든지 하는 것은 우리 안에 남아 있는 무속의 잔재가 그리스도교와 융합하였다는 증거로 볼 수 있다. 앞에서 유럽인들이 크리스마스를 맞아 열심히 과자를 굽는다고 하였는데, 우리나라 역시 설날에 먹었던 강정을 독 같은 곳에 갈무리해 두었다가 정월 대보름날에 꺼내서 먹는 전통이 남아 있다. 당시에는 피부병에 걸리면 특별한 치료약이 없던 때였다. 이날 강정을 먹으며 사람들은 "부스럼 깬다"라는 말을 했는데, 설에 먹던 강정을 대보름날 먹으면서 몸에 부스럼이 생기지 않게 빌었던 것으로 추측할 수 있다. 이러한 전통은 무속에서 전해 내려온 것이다.

1500년 이후 본격적으로 진행된 죽음의 문화

1500년 이후 국가와 교회가 중심이 되어 대규모 마녀사냥을 자행했지만, 마녀사냥 전체의 역사로 봤을 때는 국지적인 단계에 속한다. 마녀사냥은 1580년경부터 종교개혁과 맞물려 극에 달했고 17세기 중반에는 30년간의 종교전쟁으로 잠시 주춤했지만, 곧 구교와 신교가 합세하여 무자비한 마녀사냥이 끊임없이 자행되었다. 그러다가 1700년부터 계몽주의가 도래하자 사람들은 마녀사냥이 잘못되었다는 것을 깨닫기 시작하였고 고문 역시 서서히 그만두었다. 그 기세를 몰아 1800년부터는 마녀사냥이 확연하게 줄어들어 몇몇 사람에게 가해진 마녀사냥의 잔재만 전해지고 있을 뿐이다. 그러다가 마녀는 서서히 동화 속으로 들어갔고 민중의 삶 속에서도 큰 영향을 미치지 않게 되었다. 사학자 볼프Hans-Juergen Wolf 의 말에 의하면 마지막 마녀재판은 1954년 영국에서 일어났는데, 이 재판은 어떤 지방에 1754년부터 있었던 마녀 법을 적용한 재판이었다고 한다.

독일에서는 20세기 중반 이후 옛 종교의 전통이 서서히 부활하고 있다. 사람에게 해를 끼친다는 마녀와는 다른 차원이며 위카 (Wicca, 영어 문화권을 중심으로 전 세계에 널리 퍼진 신흥종교로 알려져 있다, 독일어권에서는 비카라고 한다) 같은 전통종교에서 옛날의 자취를 재현하고 있는 것이다. 이런 움직임과 함께 마녀사냥에 대한 연구도 활발하게 전개되고 있다.

우리나라 역시 그리스도교가 전래될 무렵에는 우리의 전통문화가 미신으로 치부되었지만, 1990년대부터 대대적으로 우리 문화 살리기가 진행되면서 사라졌던 많은 전통문화가 복원되고 있다. 요즘은 전통문화가 새롭게 조명되면서 역사성이 조금이라도 남아 있는 곳을 살리기 위해 갖은 힘을 기울이기도 한다. 마찬가지로 유럽에서 마녀사냥에 대한 재조명과 옛 종교에 대한 관심이 일어난 것은 사람들이 켈트족 문화와 게르만족 문화 그리고 슬라브족 문화의 믿음 체계를 다시 찾으려는 의미로 해석할 수 있다.

신교에서는 마녀사냥을 어떻게 보았는가?

종교개혁가 마르틴 루터의 한계

종교개혁을 주장하면서 등장한 신교이기에 구교와 반대편에 서는 것은 당연했지만, 신교 역시 가톨릭이 가지고 있는 모든 것을 무너뜨리려 하기보다는 시대에 상응하는 적절한 관습은 유지하려고 한 온건파에 가까웠다. 이들은 돈을 받고 면죄부를 판매하는 부패하고 타락한 구교를 바로잡고자 했을 뿐, 민중이나 당시 사회문제에는 큰 관심을 기울이지 않았다.

그렇다 보니 마녀에 관한 마르틴 루터(Martin Luther, 1483~1546)의 견해 역시 구교와 많은 부분이 비슷했다. 마르틴 루터는 마녀는 동물로 모습을 바꿀 수 있으며 마귀와 사랑도 나누고 성적인 관계를 하는 존재라고 믿었다. 1526년 루터는 출애굽기 22장 18을 인용한 설교에서 다음과 같이 말했다. "마녀는 살려두어서

종교개혁가 마르틴 루터의 가족 초상화

는 안 된다. 마귀와 교접하는 자는 반드시 사형에 처해야 한다. 다른 신들에게 제사를 지내는 자는 죽여야 한다. 제사는 반드시 야훼께만 드려야 한다."

루터는 마법으로 날씨를 바꾸는가 하면 주문을 외워 집이나 밭을 쑥대밭으로 만드는 자들 역시 마녀로 간주하였다. 더 나아가 마녀는 사람을 절름발이로 만든다고 설교했다. 1529년 6월 루터가 교인들에게 한 경고용 설교 중에 "여름에 차가운 강물에서 목욕하지 마라. 하더라도 조심스럽게 하라. 마귀는 숲에서만 사는 것이 아니라 강에서도 살기 때문이다"라는 말이 있다. 루터는 마귀가 곳곳에 숨어 인간을 해친다고 생각한 모양이다.

또한 그는 구교에서 생각하는 두 종류의 마귀 개념에서 벗어나지 못했다. 하나는 인큐버스Incubus이고 다른 하나는 서큐버스Sucubus

이다. 인큐버스는 남자 형상을 한 마귀가 여자에게 다가가는 것이고, 서큐버스는 그 반대로 여자 형상을 한 마귀가 남자에게 다가가는 것이다. 종교개혁을 시도했던 루터였지만 마녀에 대해서는 구교 못지않게 부정적이었다는 것을 알 수 있다. 당시는 구교나 신교를 가릴 것 없이 선 아니면 악이라는 그리스도교의 이분법적 세상에서 살았기 때문에 그도 여기서 벗어나지 못한 것이다.

루터는 마녀를 심문할 때에 고문 도구를 사용하는 것을 적극적으로 권장했다. 그는 마법을 부리는 것은 죄 중에서도 몹시 나쁜 죄라고 믿었다. 그러므로 고문 도구를 사용해서라도 반드시 마녀에게 자백을 받아 내야 한다고 주장했다. 루터의 종교개혁이 바티칸의 부패를 겨냥했을 뿐 당시 사회의 본질적인 문제에는 관심을 두지 않았다는 사실이 이 부분에서 확연히 드러난다. 루터는 독일에서 농민전쟁이 크게 일어났을 때도 방관적인 태도를 보였다. 농민들은 전쟁을 일으켰을 때만 해도 루터가 자신들을 도와줄 것이라고 생각했지만 마르틴 루터는 끝까지 농민들을 외면했다. 루터는 종교 외의 사회 문제에 대해서는 접근하는 것을 꺼렸다는 것이 사학자들의 지배적인 해석이다.

종교개혁 당시 구교의 모습

16세기 중엽의 독일어권 상황을 살펴보자. 독일어권이란 독일은 물론 스위스, 오스트리아 등 독일어를 쓰는 나라를 이르는데, 당시 이 지역들은 '종교적인 진공'이라는 표현을 할 정도로 곳곳에서 다양한 문제가 도사리고 있었다. 당시 추기경이었던 콘타리니^{Contarini}조차도 수녀원을 '창녀촌'이라고 표현했을 정도로 구교의 부패상은 심각했다. 중세 유럽의 종교 문화사를 들여다보면 일리 있는 말이라 변명의 여지도 없다.

당시의 수녀원은 오늘날처럼 성소(신의 부르심)에 의해 들어가는 곳이 아니라 가난한 귀족들이 딸들을 (강제로) 보내는 곳이었다. 당시에는 자식이 많아서 거두기도 힘들었을 뿐만 아니라 딸을 시집보내려면 많은 지참금이 필요했다. 자식을 돌볼 여유가 없거나 지참금을 감당할 수 없는 사람들은 딸들을 강압적으로 수녀원에 보낼 수밖에 없었다. 이런 식으로 수녀원에 들어간 여자 중에는 그 생활을 견디지 못하고 탈선을 한 사람도 적지 않았다. 이것이 당시의 수녀들을 오늘날의 경건한 수녀들과는 종교적으로 같은 선상에 두기 어려운 이유이다.

수도자 역시 본연의 모습을 잃고 있었다. 당시의 수도자들은 사람의 영혼을 보살피지 않고 단지 돈벌이의 수단으로 여겼다. 예비 부부가 찾아오면 이들의 앞날에 대한 축복은 뒤로 하고 오직 돈만을 밝혔다. 결혼식도 돈을 내야 교회에서 올릴 수 있었는데, 이 말은 돈이 없으면 결혼식을 올릴 수 없다는 뜻이었다. 당시는 예식 장도 없었지만, 만약 있다 하더라도 그런 곳에서 한 결혼은 무효였다. 모든 예식은 교회 안에서 이루어져야만 하느님이 승낙하고 축복한 결혼으로 인정받았다. 죽음도 마찬가지였다. 가난한 이들은 사례비를 내지 못해 장례를 치르지 못하는 경우도 많았다.

더 큰 문제는 수도자가 독신으로 살아야 하는 규율을 지키지 않은 것이다. 물론 철저한 규율을 지키며 수도자로 살아가는 사람도 있었지만, 대부분의 수도자는 첩이나 자식을 데리고 살았다. 여기에 관해서는 문화사로서도 많은 자료가 남아 있다. 수도자의 독신제도는 교황 그레고리오 10세(Gregor X, 재위 1271~1276)가 정착시켰다. 그런데 엄밀히 따지면 교황권이 바닥으로 떨어지자 교황의 힘을 이런 방법을 통해 복원하려는 의도가 깔렸다고 볼 수 있다. 거듭 이야기했듯이 당시 가톨릭은 면죄부 판매와 폭력, 각종 음모로 인해 신망이 곤두박질치고 있었다. 수도자의 독신제도는 가톨릭이 내세울 수 있는 몇 안 되는 개혁이자 구제책이었다.

그런데 당시 마녀사냥이 날뛴 여러 이유 중의 하나를 사제의 독신제도에서 찾는 학자들도 있다. 독신제도에 갇힌 사제들이 억압된 욕망을 해소하기 위해 마녀사냥에 열심히 매달렸다는 주장이다. 사람이 태어날 때부터 지닌 자연스러운 성적 본능을 강압적으로 누르다 보니 민중, 특히 여자들에게 그 화살을 돌려 본능을 해소했다는 것이다. 여자 하나를 마녀로 몰아 화형에 처하고 나면 다시 다른 희생양을 찾아 나서길 반복하면서 억압된 성욕을 분출했다는 것이 그 근거였다. 마녀사냥을 이런 의미로 해석한다면 이들의 행동은 살인이나 다름없다고 사학자 로버트 마스터즈(Robert Masters, 1713~1798)는 주장했다. 이런 소용돌이 속에서 마녀사냥의 또 다른 동참자들이 나타났다. 의사, 법률가, 공무원 등이다. 이들은 그리스도교가 터준 길과 신학자들이 제공해준 이론으로 무장하여 잔혹한 마녀사냥에 기꺼이 동참했다.

마녀사냥에는 신교와 구교가 따로 없다

루터의 종교 개혁에 강하게 반발한 안드레아스^{Andreas}라는 사제는 이런 설교를 하였다. "가톨릭 신자들이여! 루터교를 믿는 여자와 결혼할 바에는 차라리 마녀와 결혼하라!" 그가 내세운 이유가 참으로 어처구니없다. "가톨릭을 믿는 사람은 설령 마녀와 결혼한다 해도 마귀 추방 예식으로 마귀를 몰아낼 수 있지만, 축성된 기름과 영세 등의 가톨릭 성사와 교리를 거부하는 신교 신자는 결코 마귀를 몰아낼 수 없다"고 주장한 것이다. 그는 루터를 '마귀의 아들'로, 다른 종교개혁가인 멜란히톤(Melanchton, 1497~1560)을 '야바위꾼'으로 치부했다. 종교개혁의 실질적인 의미는 온데간데없고 "누가 구교에 속하느냐! 누가 신교에 속하느냐!"에만 초점을 맞춘 것이다.

1616년, 튀빙겐 지역에서 발행하는 신문 헥센 차이퉁^{Tuebinger Hexen-Zeitung}에서 마귀와 마녀의 개념을 두고 열띤 논쟁이 벌어졌다. 여기에서도 구교냐 신교냐의 문제가 논쟁으로 등장한다. 루터교 쪽에서는 "마귀가 마녀보다 더 관대하다고 말하는 것은 풍자와 조롱의 의미를 지닌 것이 절대로 아니다"고 주장했다. 마귀 추종자들은 사람들에게 해악을 입히긴 해도 이들의 마음을 가라앉히고 다시 하나님께 기도를 하면 원래의 선한 사람으로 되돌릴 수 있지만, 마녀는 자비심이 전혀 없으므로 다시 선한 사람으로 되돌릴 수 없다는 것이 루터교의 주장이었다. 하지만 우리에게는 그 말이 그 말인, 일종의 말장난으로 보인다. 우리는 악마나 마녀, 마귀의 실체를 실제로 접할 수 없고 악마와 마녀, 마귀의 총칭을 사탄이라는 같은 언어로 이미 간주하고 있기 때문이다.

신교와 구교는 서로를 비방했지만 같은 방향으로 초점을 맞출 때도 있었다. 바로 그리스도 교리에 따라 마녀를 찾아내어 죽이는 마녀사냥을 할 때였다. 종교개혁가 루터조차도 마녀에 대해서는 구교와 같은 통속이었다고 앞에서 이미 말한 바 있다. 독자들도 상상해 보라! 만일 지금 시대에 말이 되지 않는 이유를 붙여 이런 어마어마한 숫자의 사람들을 커다란 광장에 모아 놓고 사형을 시킨다면 어떤 일이 벌어지겠는가? 부처나 마호메트, 다른 종교의 창시자 등 지구에서 해탈한 이들이 죽은 후 진화된 어느 별에서 함께 모여 산다면 이들은 당장 예수에게 달려가 고자질할지도 모른다. 지금 지구에서 당신 종교의 추종자들이 저지르는 저 악행을 어떻게든 저지하라고 말이다.

왜 여성이 주로
마녀로 몰렸을까?

여자는 하느님의 모상이 아니다

당시 프랑스 스트라스부르의 유명 연설가인 요한 가일러(Johann Geiler von Kaysersberg, 1445~1510)는 "왜 남자보다 여자가 더 많이 마녀로 몰려 죽임을 당하는지 아는가? 그 이유는 남자 하나를 죽이는 것이 여자 열 명을 죽이는 것과 같기 때문이다!"라는 괴상한 내용의 설교를 하였다. 아무리 그 당시가 철저한 남성 위주의 사회라지만 연설가가 설교까지 하며 이렇게 당당히 밝히다니 매우 놀라운 일이다. 더 황당한 점은, 당시 이런 설교를 들은 사람들이 "아하! 그렇구나!" 하며 스펀지가 물을 빨아올리듯 그 내용을 흡입하였다는 점이다.

상대적으로 남자가 여자보다 적게 희생당하긴 했지만, 남자 역시 많은 숫자가 마녀로 몰려 죽임을 당했다. 1486년 이탈리아 볼

로냐^{Bologna}에서는 한 남자가 마녀와 일을 저질렀다는 죄로 불에 태워져 죽임을 당했다. 요한 가일러의 주장대로라면 볼로냐에서는 10명의 여성이 죽어 나간 꼴이다. 이처럼 여성에 대한 부정적인 견해 때문에 많은 여성이 마녀로 몰려 죽임을 당했지만, 이것은 예수의 뜻이 아니었을 것으로 믿는다. 성서를 해석한 중세 신학자들에게서 나온 말이며, 이들이 뱉어낸 학설 때문에 그리스도교 역시 본연의 모습이 왜곡 당했다고 봐도 무방하다.

중세 신학자들의 말(물론 성서를 근원으로 하는 신학자들의 해석이다)을 종합해서 "왜 여자가 남자보다 더 마녀사냥을 당했을까?"라는 질문을 해보자. 이 물음의 답을 우선 성서에서 찾아본다.

창세기 2장 18-23에는 "하느님이 이르시되 아담이 혼자 있는 것이 좋지 않으니 내가 그를 도울 짝을 만들어 주리라 …… 하느님은 아담을 깊게 잠들게 한 후 그의 갈빗대 하나를 빼내시고 그 자리를 살로 메우셨다. 하느님께서 빼내신 갈빗대로 여자를 지으시고 그녀를 아담에게 데려오시자 아담이 이르되 이야말로 내 뼈에서 나온 뼈요 내 살에서 나온 살이로구나! 남자에게서 나왔으니 여자라 부르리라"라는 구절이 나온다. 이를 근거로 중세 신학자들은 여자를 남자보다 열등한 존재로 여겼고 여자가 더 많이 마녀로 몰려 죽는 것은 당연하다고 생각하였다.

여기에 중세 신학자 토마스 아퀴나스(Thomas Aquinas, 1225?~1274)의 해석도 큰 몫을 했다. 그는 "여자는 남자처럼 하느님의 모상이 아니다"라고 주장했다. 여자는 남자보다 생물학적으로 열등한 존재인 게 첫 번째 이유이고, 인류의 첫 번째 여자인 하와가 뱀의 꼬임에 넘어가 하느님이 금지한 나무 열매를 따 먹고 에덴동산에서 쫓겨나기까지 한 것으로 보아 여자는 정신적으로 열등한 존재라는 것이 두 번째 이유라는 것이다.

이와 같은 교리를 밑바탕에 둔 남성 위주의 중세사회에서는 여자에게 조그마한 흠만 있어도 마녀와 동일시하였다. 여기에서 그리스도교가 인간사에 나타나는 모든 일을 선과 악이라는 이분법으로 나눈다는 사실과 함께 중세 신학자들이 아담은 매우 선한 영혼이고 하와는 매우 악한 영혼이라고 해석했음을 알 수 있다.

이처럼 중세 사람들은 여자를 가벼운 믿음의 소유자로 보았다. 히에로니무스(Eusebius Hieronymus, 345?~419?) 성인은 신약에 빗대어 "구약에서 하와가 저지른 사악한 짓은 신약에서 예수의 어머니인 마리아의 축복으로 부서진다"라는 말을 하였다. 당시 사람들이 왜 그토록 마리아를 찬양했으며 성서에 나오는 하와의 이야기를 왜 여자를 열등한 존재로 규정하는 잣대로 사용했는지 이 이야기만 들어도 알 수 있다. 즉 중세시대에는 여자는 남자보다 열등하다는 의식이 팽배했고 여기에 여자들은 거짓말과 속임수를 잘한다는 논리들이 더해져 손쉽게 여자들을 마녀로 내몰 수 있었던 것이다.

중세 학자들이 내린
지옥의 정의

지옥은 어디 있는가?

당시 학자들은 지옥을 타락한 천사나 죄를 짓고 산 인간들이 죽으면 가는 곳이라고 믿었다(이 학설은 오늘날에도 거의 바뀌지 않았다). 당시 교황 그레고리오 1세(Gregorius I, 재위 590~604)는 "지옥이 어디 있는가?"라는 질문에 이렇게 답했다. "지옥은 땅속 깊숙한 곳에 있는데 그 안에서 다시 두 곳으로 나뉘어져 있다." 나뉘어진 두 곳에 대해서 그는 자세히 설명하지 않았지만, 연옥 혹은 죗값이 비교적 가벼운 사람들이 가는 곳이라 짐작해 본다.

지금도 특정 종교에서는 지옥을 믿고 있지만, 이제는 종교 다원주의 덕분에 중세와 같은 믿음을 가진 사람은 매우 드물다(일부 근본주의자들을 제외하고는 말이다). 하지만 당시는 교황의 이야기가 절대적인 시대였다. 여기에 스콜라 철학자들까지 말을 보태자 지옥은 이중의 절대성을 지닌 그 무엇이 되었다. 드렉셀^{Drexel}은 지옥에 대해서 이런 말을 하였다. "지옥은 땅 깊숙한 곳에 있는데 그곳에는 7개의 방이 있으며 3개의 문이 달려 있다. 각 방에는 다시 7개의 방이 있고 방마다 7000개의 감옥이 있다. 각 감옥에는 7000개의 갈라진 틈이 있고 그 안에는 7000개의 전갈 회초리나 갈고리가 달려 있다. 이 내용은 성서의 열왕기 상 12장 11(내 아버지께서는 그대들을 가죽 채찍으로 징벌하셨지만, 나는 갈고리 채찍으로 할 것이오)과 연관 지을 수 있다. 그 안에는 7개의 돌쩌귀가 있다. 각 돌쩌귀에는 1000톤의 독이 들어 있다. 이런 지옥에는 수백만 명을 위한 영혼의 방이 있다."

조디아쿠스^{Zodiakus}는 지옥에는 터키인과 유대인 그리고 다수의 그리스도 교인이 있고 사제와 수도사 등 교회에 종사하는 이들이 지상에서 죽은 후 매일 떠밀려 들어온다고 말했다. 그는 하늘에 있는 천국에는 소수의 사람만이 갈 수 있다고 주장했다. 그가 유대인이나 터키인을 언급한 것은 당시 이들이 유럽인에게 핍박받는 민족이었기 때문으로 보인다. 유럽인의 기준으로 볼 때 이들은 무조건 나쁘므로 자신들이 생각하는 지옥에는 당연히 이들이 있을 것으로 간주한 듯하다.

신학자 윌리엄 휘스턴(William Whiston, 1667~1752) 역시 기이한 지옥설을 주장했다. 그는 지옥에는 혜성이 하나 있는데 태양으로부터 이 혜성이 멀어진 거리에 따라 지옥이 춥거나 더울 수 있다고 말하였다. 신교 신학자인 토비아스 스윈덴(Tobias Swinden, 1659~1719)은 지옥은 태양 안에 존재한다고 말했다. 수많은 마귀가 충분히 머물 수 있는 공간은 태양밖에 없다는 것이다.

　여기에서 알 수 있는 점은 이들이 주장하는 지옥 이론이 가상이듯 앞으로 나올 마녀 이론 역시 가상일 수밖에 없다는 것이다. 이들의 주장을 살펴보면 교황이나 우두머리 신학자들이 던진 말을 다시 밑에 있는 신학자들이 부풀려 가상의 세계를 묘사한 소설을 쓴 느낌이다. 이렇게 만든 이들의 가상 이론은 심각한 찬반론에 부딪힌다. "우리가 이렇게 사람을 죽여야 하나?" 하는 자성의 목소리도 있었지만 "이런 마녀들을 죽이지 않는다면 우리가 위협을 받는다!"라는 주장이 더 힘을 얻었다. 앞서 언급한 마르틴 루터의 주장은 후자에 속한다.

마귀를 둘러싼
논쟁

성수에 빠진 쥐에 대한 견해

가톨릭 성인인 힐라리오^{Hilary}는 마귀는 인간뿐만 아니라 동물에게도 깃들어 마음대로 조종할 수 있다고 말하였다. 즉 동물도 신들린 상태가 될 수 있다는 것이다. 그는 자신이 낙타에 들어간 마귀를 직접 쫓아낸 적이 있다는 주장으로 이 사례를 설명했다. 아무리 성인이 한 말일지라도 반대하는 사람은 있기 마련이다. 일부 학자는 성인의 어처구니없는 견해를 비판하며 "낙타가 마귀에 씌어 바늘귀로 들어간 것이 아니냐?" 하는 우스갯소리를 했다. 이외에도 마태오(마태), 마르코(마가), 루가(누가)복음에도 마귀와 돼지들의 이야기가 나오는데, 예수가 사람 안에 든 마귀를 불러내어 돼지속으로 들어가게 했다는 내용이다.

당시에는 참으로 심각했던 논쟁이 하나 더 있다. "쥐 한 마리가 성수에 빠져 죽었는데, 쥐가 쥐라는 신분을 망각한 채 거룩하게 축성된 성수에 빠져 죽었으니 이 쥐도 마녀라고 간주하여 죽여야 하는가?"라는 질문이다. 여기에 다른 질문이 덧붙여졌다. "이렇게 빠진 쥐를 마녀 쥐로 몰아 죽인다 치자. 그러면 마녀로 몰아 죽이는 인간에게 성체를 주듯 이 쥐에게도 성체를 주어야 하는가?" 당시 사람들은 그리스도교의 교리에 지나치게 몰두한 나머지 심지어 쥐에게 거룩한 성수가 묻었을 때 어떻게 해야 하는지를 두고 어처구니없는 논리를 통해 검증하려고 들었다.

마귀와 성관계를 할 수 있는가?

인큐버스는 남자 형상을 한 마귀가 여자에게 다가오는 것이라고 앞에서 말한 바 있다. 독일에서는 잠자고 있는 여자를 범하는 마귀나 마녀 혹은 보통 여자와 정을 통하는 마귀를 인큐버스라고 칭하였다. 이것을 두고 당시 신학자들 사이에 여자들이 마귀와 성교를 할 수 있다는 주장과 할 수 없다는 주장이 팽팽하게 맞섰다. 11세기에 살았던 미카엘 프셀로스(Michael Psellos, 1017?~1078)는 마귀가 인간과 성교를 할 수 있다고 주장했고, 이탈리아 브레스키아Brescia의 주교 필라스트루스Philastrus는 마귀와 인간은 성교를 할 수 없다고 주장했다. 한편 성인 안토니우스Antonius는 인큐버스나 서큐버스는 인간의 상상으로 만들어진 존재라고 주장했다. 이렇듯 당시는 가상의 존재인 마귀를 설정하여 이들이 인간과 성교를 할 수 있느냐 없느냐를 두고 심각하게 대립하였다.

하지만 이 시대 사람들은 결론적으로는 마귀와 인간이 성교할 수 있다고 인정하였다. 신학자 토마스 아퀴나스가 이에 대해 부언했기 때문이다. 그는 『권력에 관하여^{Ueber die Macht}』라는 저서에서 인간과 마귀 사이의 성적인 관계를 표명하며 이 분야에 자신의 개인적인 경험이 녹아 있다고 주장하였다(유감스럽게도 그의 개인적인 경험이 무엇인지는 밝히지 않고 있어 매우 궁금하다). 후세 학자들은 토마스 아퀴나스의 견해를 진리라고 믿었기에 마귀와 인간과의 성교도 당연히 가능하다고 생각했다. 교회는 절대적인 진리로 포장된 곳이므로 결코 사람들을 속일 수 없다고 생각했던 것이다.

그 결과 소위 말하는 '마녀와의 성교^{Teufelsbuhlschaft}'가 탄생한다. 이 이론 때문에 얼마나 많은 사람이 죽임을 당했는가? 이들은 가상의 세계를 만들고 그것이 진실인 것처럼 판타지의 세계를 확장했다. 『마녀망치^{Hexenhammer}』라는 책을 보면 당시 중세인들이 마귀와 인간은 성교를 할 수 있다는 전제를 깔고 여자들을 잡아와 심문하면서 마녀임을 자백하라고 종용하는 많은 기록과 사례가 적혀 있다. 여자들이 자백하지 않으면 엄청난 고문을 가했다. 고통을 견디다 못한 여자들이 고문을 피하려고 마귀와 성교를 했다고 자백하면 교회 측에서는 "그러면 그렇지" 하고 단정하며 죽여 버렸다. 결국 이러나 저러나 죽을 수밖에 없는 운명이었다.

그 외에도 많은 학자가 '마귀의 생식능력'에 관한 연구물을 남겼다. 중세 신학자 대부분은 이 명제를 반드시 풀어야 할 최대의 가치처럼 여기고 심각한 논쟁을 벌였다. 이들 중에는 확실한 설명이 불가능하다고 말하는 이도 있었지만, 어떤 이들은 마귀가 여자들과 성관계를 할 수 있는지 없는지를 알기 위해 연구를 시도하였다. 만약 성교할 수 있다고 결론(?)이 나면, 다음 논쟁으로 마귀와 보통 여자 사이에 임신이 가능한지 아닌지를 놓고 불꽃 튀는 설전을 벌였다. 15세기의 학자 울리히 몰리토르(Ulrich Molitor, 1442~1507)는 마귀와의 성교로 임신할 가능성에 대해 부정적인 의견을 내놓았고, 렘트Remt는 성교는 가능하지만 마귀는 인간처럼 황홀감을 느끼지 못한다는 기이한 견해를 표명했다. 그 이유를 그는 이렇게 밝혔다. "마귀는 죽지 않고 영원히 사는 존재이므로 인간과는 달리 굳이 후손을 만들 필요가 없다. 그들은 자손을 남겨야 한다는 애타는 염원도 갖고 있지 않다. 생식기도 인간에게나 필요한 것이지 마귀에게는 거추장스럽고 불필요하다."

천사에 대해 언급한 학자도 있다. 마귀가 아닌 천사와 성적인 관계를 맺는 것에 대해 유스티니아누스Justinian는 즐거움을 선사하는 행위라고 말하였다. 3세기의 교부학자 클레멘스Clemens von Alexandria나 테르툴리아누스Tertulian는 천사는 지나친 열망이나 욕망 때문에 천상에서 지구로 쫓겨난 자들이라고 말한 바 있다. 이런 전제를 깔고 락탄티우스Lactantius는 천사가 지구에 보내진 이유는 지구에 사는 여자들이 마귀의 유혹과 시련에 당하지 않도록 보호하기 위해서라고 의견을 보태었다.

이에 그치지 않고 당시 학자들은 만약 마귀가 여자를 임신시켰다면 무슨 일이 일어날지에 대해서도 관심을 가졌다. 이 논쟁에도 다양한 주장이 나왔다. 한 예로 만일 마귀가 남편이 있는 여자와 성적인 관계를 시도했는데 여자가 거부하면 그 여자의 남편을 성불구로 만든다는 주장이 있는가 하면 마귀가 다가오는데 저항하면 부부간에 임신할 수 없게 된다는 주장도 나왔다. 반면에 루터 파 신학 교수인 요한 마테우스 마이파르트(Johann Matthäus Meyfart, 1590~1642)는 마귀는 인간의 상상 속 존재이므로 생식기를 갖고 있지 않다고 주장했다. 당시 신학자들의 주장을 들여다보면 한결같이 이분법이 존재하는 것을 알 수 있다. 천사와 악마 그리고 빛과 그림자이다.

처녀성에 대한 논란

신학자들이 가졌던 심각한 의문 중 다른 하나는 처녀가 마귀와 성교를 하면 처녀성이 다치는지 다치지 않는지에 대한 것이었다. 현대인에게는 말도 안 되는 의문이지만 중세 사람들에게는 매우 심각한 질문이었다. 당시는 성서에 나오는 천지창조가 6666년에 일어났다고 규정하고 과연 천지창조가 아침에 일어났는지 저녁에 일어났는지를 두고 학자들끼리 격렬하게 싸우던 때였다. 특히 당시 여러 나라의 말로 번역되어 퍼졌던 마녀사냥의 지침서인 『마녀망치』에는 이런 의견들이 자세히 기록되어 있다.

14세기 신학자 페터Peter von Palude와 마르틴Martin v. Arles은 마귀가 죽은 남자의 정자를 가져와 살아 있는 여자를 임신시킬 수 있다고 주장했다. 하지만 당시 학자 중 드물게 레미Remy는 "이 주장은 마치 죽은 당나귀가 방귀 뀌는 것과 같다"는 비유를 들며 우스운 일이라고 말했다. 인간 남자의 정자를 도둑질하는 마귀가 인간 여자와 성관계를 원한다고 믿는 학자들은 마귀는 죽은 지 오래된 시체 대신 죽은지 얼마 되지 않은 남자의 시체에서 정액을 채취한다고 주장했다. 그러면서 이에 대비하기 위해서 시체를 조금이라도 빨리 땅에 묻으라는 조언도 잊지 않았다.

베네딕도 카르프초프Benedict Carpzov는 마귀가 일주일에 2~3번 정도 인간과 성관계를 할 수 있다고 주장했다. 여기에 마르틴 루터도 의견을 더했다. 그는 마귀가 물 밑으로 다가가 목욕하고 있는 여자를 임신시킬 수 있다고 주장했다. 주교는 물론 재판관 앞에서 대답하는 사람과 심지어 루터까지 이런 황당한 설을 내놓다니 놀라운 일이다. 신학을 공부한다는 학자들이 어떻게 가상의 세계를 학문으로까지 연결한단 말인가.

다음으로 던진 질문은 마귀가 어떤 여자를 좋아하느냐에 대한 것이다. 독일 트리어Trier 지방의 한 주교는 "인큐버스는 아름다운 여자와의 성관계를 원한다"고 주장하였다. 다른 부주교는 여성 신자에게 마귀의 눈에 띌 수 있으니 "지나치게 화려하거나 아름다운 옷은 입지 말라"고 권고했다.

물론 반대의 주장도 있다. 마귀는 오히려 나이가 많고 못생긴 여인을 좋아한다는 주장이다. 드 랑크르(Pierre De Lancre, 1553~1631)는 마귀는 결혼한 여자를 더 좋아한다고 주장했다. 여자가 유부녀일 경우는 부부 사이를 갈라놓거나 괴롭힐 수 있기 때문에 더 좋아한다는 것이다. 보케Boquet 역시 비슷한 주장을 하였다. "마귀는 12세 이하의 소녀에게는 다가가지 않는다. 약삭빠르고 간교한 마귀는 여자라도 아이들은 임신 가능성이 희박하다는 사실을 잘 알기 때문이다"라고 말했다.

『마녀망치』에는 이런 이야기도 등장한다. 마귀가 결혼한 여자와 성관계를 할 때에 일부러 시끄러운 소리를 내는 것은 남편을 깨우기 위해서라는 것이다. 또한 1701년 펠릭스^{Felix Braehm} 박사는 그의 논문에 "어떤 남자가 자다 깨어 보니 아내가 옆에 없다는 것을 알고 그녀를 마녀로 고발했다"고 기록했다. 예수회 신부인 탄너^{Tanner}도 유사한 주장을 하였다. 이처럼 중세 유럽에서는 평신도에서부터 신학자와 사제들까지 기이한 생각에 사로잡혀 너도나도 마녀 이론을 펼치기 바빴다.

마귀의 아이를 낳을 수 있을까?

13세기에는 "마귀와 성관계를 해서 아이가 태어나면, 과연 그 아이를 사람이라고 부를 수 있을까?"라는 논쟁이 학자들 사이에 불붙었다. 지금의 시각이라면 이 논쟁을 인간의 상상력이 더해진 허구로 간주하겠지만, 당시에는 매우 중요한 문제였다.

일반적으로 마귀의 자식들은 얼마 살지 못하고 죽거나 기형아 아니면 사산아가 된다는 의견이 지배적이었다. 의사 요한 바이어 (Johann Weyer, 1515~1588)는 마귀의 자식으로 태어난 아이는 일반 아이와 비교하면 매우 약해서 일곱 살 이상은 살 수 없다고 주장했다. 또한 밤에는 자지 않고 울며 소리를 질러 다른 사람들을 잠 못 들게 하고 유모의 젖보다는 짐승의 젖인 우유를 더 좋아해서 성장이 어렵다고도 말했다. 이 이야기를 믿어야 할지 믿지 말아야 할지 모르겠다. 만약 우연히 이런 증상을 가진 아이가 태어났다면 그 아이의 어머니는 주위에서 마귀의 자식일지도 모른다는 수군거림과 손가락질을 받으며 얼마나 마음을 졸였을 것인가?

또 아이의 머리가 지나치게 크고 유난히 게걸스럽게 음식을 먹는다면 마귀가 아이를 바꿔놓은 것이니 괴물로 취급해야 한다고 말했다. 이런 아이가 태어나면 부모는 아이를 키우지 않고 물건 버리듯이 버리기도 했다. '마귀의 아이가 태어난 집안'이라는 사람들의 손가락질이 두려웠기 때문이다. 급기야 이런 아이가 태어나는 것을 방지하기 위해 임산부는 아이의 아버지가 입던 옷이나 성서를 자신의 배 위에 올려놓고 생활하기도 했다.

1275년 프랑스 툴루즈Toulouse 출신의 앙겔라Angela de Labarthe라는 56세의 귀족 여자가 마녀재판에 넘겨졌다. 마귀와 성관계를 하여 상체는 늑대에 하체는 뱀의 형상을 한 아이를 낳은 것도 모자라 밤마다 다른 아이들을 납치해 자신의 아이의 먹잇감으로 삼았다는 것이 그녀의 죄였다. 그녀는 결국 마녀로 몰려 불에 타 죽었다. 허무맹랑한 이야기 같지만, 당시 사람들은 이것을 믿었다. 그랬기에 같은 인간을 마녀로 몰아 심판한 후 불에 태워 죽이면서도 양심의 가책을 전혀 느끼지 않은 것이다.

카르단Cardan은 이런 기록을 남겼다. 한 소녀가 자신이 임신했음을 그녀의 부모에게 알렸다. 그녀의 애인은 젊은 남자인데, 밤마다 찾아와 그녀와 사랑을 나누고는 아침이 오기 전에 떠났다. 부모는 딸에게 찾아오는 남자가 누군지 관찰하다가, 어느 날 그녀의 팔에 안겨 있는 무시무시한 마귀를 보게 되었다. 사람들이 모여 요한복음을 읽자 마귀는 방 천장을 기어서 빠져나갔다. 얼마 후 그녀가 아이를 낳았는데 괴물이었다. 사람들은 그 아이를 당장 태워 죽였다.

이런 이야기들이 요즘 시대에 일어났다면 아마 인터넷이나 TV 등 대중매체가 떠들썩했을 것이다. 하지만 중세 유럽은 그리스도교에 속하지 않으면 마귀이자 미신으로 취급하던, 철저하게 그리스도교의 이분법적 사고가 지배하던 시대였다. 교회의 사제나 학자들이 던져준 말들이 진리라고 생각하던 시대에 살았던 사람들이기에 나올 수 있던 이야기인 셈이다.

　이 밖에도 독일 서부의 에슬링엔Esslingen에서는 545년, 인큐버스와 성관계 후 매우 기이한 임신을 했다는 한 여자의 기록이 전해진다. 그녀의 배가 지나치게 부풀어 올라 그녀를 방문한 이들이 그녀의 얼굴과 발을 알아볼 수 없을 정도였다. 그녀의 배 안에서는 태동이 아닌 동물의 울음소리가 들렸는데, 때로는 닭이 우는 소리, 개가 짖는 소리, 양이 우는 소리, 말이 우는 소리 등등이 번갈아 들렸다. 사람들은 그녀를 의사에게 진단받게 했다. 곧 그녀가 사기를 쳤음이 밝혀져 그녀는 재판에 넘겨졌고 법정에서 심문한 결과 그녀에게 거짓말을 하게 한 사람이 그녀의 어머니라는 것이 드러났다. 더불어 이 어머니가 딸에게 저질렀던 만행도 들통났다. 달구어진 쇠로 딸의 뺨을 지진 것이다. 어머니는 교수형에 처해졌다. 필자는 "어떻게 이런 일이 있을 수 있을까?"라는 의심이 들어 책의 뒷장에 있는 각주를 보았는데, 저자는 친절하게도 딸의 이름은 마르그리트이고, 그녀를 검진한 의사는 튀빙겐의 병원장으로 카를 5세Karl V의 주치의이자 페르디난트Ferdinand 왕의 주치의라는 첨언을 해놓았다. 이렇게 상세하게 기록된 것을 보면 실제로 있었던 일인 것 같다.

마녀는 아이를 낳지 않는다는 주장도 있었다. 만일 마녀의 아이가 태어나면 이들은 두 가지 유형으로 분류되었다. 하나는 앞에서도 언급했듯이 부모에게 버림받고 사회에서 평생 천덕꾸러기로 살아가는 것이다. 다른 하나는 마녀가 이 아이들을 죽여 가루로 만든다는 것인데 마녀가 만든 가루는 '마녀연고'라고 불렸으며 사람들을 병들게 하거나 죽이는 용도로 쓰인다고 믿었다.

1598년 7월 11일, 프랑스 베통쿠르Betoncourt 출신인 앙티드Antide Colas라는 여자가 외과의사인 니콜라우스Nicolas Milliere에게 검진을 받는 도중 이상한 것이 발견되었다. 그녀의 배꼽 밑에 또 하나의 여성 생식기가 달려 있었던 것이다. 그녀는 제자리에 있는 정상적인 성기는 남편과 성교할 때에 사용하고 마귀와 성관계를 할 때는 배꼽 밑에 있는 생식기를 사용한다고 고백했다. 사람들은 마녀재판을 열어 그녀를 감옥에 집어넣었다. 그리고 다시 의사의 진단을 받게 했는데 그 사이에 그녀의 두 번째 생식기가 닫히고 흉터만 남는 이상한 일이 벌어졌다. 두 번째 생식기가 사라졌지만 1599년 2월 20일, 그녀는 마녀로 몰려 불에 태워 죽임을 당했다.

동정임신을 하다

이탈리아 몬테레온Monteleon 출신의 히에로니무스Hieronymus Augustin와 발레테Vallete 추기경에 관한 이야기이다. 두 사람은 함께 프랑스 알자스Alsace 지방으로 4년 간 여행을 떠났다. 남편의 출타 중에 히에로니무스의 부인인 막달레나Magdalena von Aigumatiere가 임신을 하여 아들을 낳았다. 그러자 남편의 형제들은 자신의 가문에 이 아이를 받아들일 수 없다며 완강히 거부했다. 그녀는 외도를 하여 아이를 낳았다는 죄로 재판에 넘겨졌는데, 법정에서 동화 같은 진술을 하였다. "어느 여름 밤 꿈을 꾸었는데, 꿈속에서 남편이 돌아와 기쁜 마음에 남편과 포옹을 했다. 그때 나는 아주 뜨거운 열기를 느꼈다. 그 후 임신을 하였고 아이를 낳았다." 더 가관인 것은 프랑스 몽펠리에Montpellier 출신의 한 의사가 이런 임신이 충분히 가능하다며 그녀의 손을 들어준 것이다.

당시는 그리스도교를 절대적으로 믿던 시대이다 보니 모든 일의 근원을 성서에 두었다. 그러니 동정녀 마리아와 요셉 사이에서 예수가 태어났듯이 이런 출산도 가능하다고 생각했을지도 모른다. 아니면 남편의 보복이 두려웠던 여자가 자신이 외도한 사실을 은폐하고자 의사와 법관을 미리 매수한 것일 수도 있다. 중요한 것은 신학자나 의사의 말을 절대적으로 신봉하는 사회였으므로 말이 되지 않는 일이라도 신학자들이 지어낸 교리에 어긋나지 않으면 순응해야 한다는 점이다. 이 재판에는 5명의 조산사까지 합세하였다. 이들은 이런 임신을 많이 보았다는 의견을 덧붙였다. 남편의 가문이 재판에 진 것은 당연하다. 하지만 남편의 형제들은 억울하다며 이 사건을 의회Parlament로 들고 갔다. 1637년, 최종 판결이 내려진다. 여자가 말한 것은 진실이며 아이는 그 가문의 법적인 자식이니 상속권이 있다는 선고였다.

결국 가문의 자식으로 인정받긴 하였지만, 이 아이는 성장하면서 많은 고통을 받았을 것이다. 여자가 이런 판결을 받을 수 있었던 이유는 여러 가지로 추측이 가능하지만, 남자의 가문보다 여자

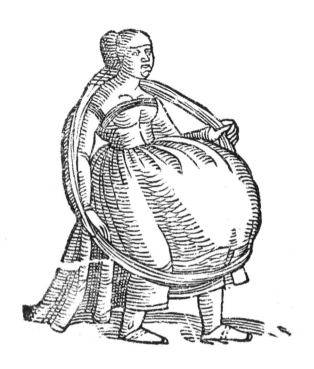

몸을 가누기 어려울 만큼 배가 부른 임산부,
중세인들은 이런 기이한 임신을 마귀의 소행이라고 생각하였다

의 가문이 그 지역에서 더 막강한 권력을 가지고 있었을 것이라는 추측이 가장 신빙성이 있다. 중세 유럽은 그리스도교 교리와 더불어 가문의 힘과 권력에 의해 움직이던 세상이기 때문이다.

1750년 8월 16일자 포시쉐 자이퉁Vossische Zeitung에는 이런 기사가 실렸다. 독일 중동부의 할레Halle에서 약간 떨어진 마을에 사는 어느 농부의 아내가 마귀와 성관계를 맺어 임신을 한 혐의로 불에 태워져 죽임을 당했다. 그녀가 낳을 아기가 마귀의 자식일지도 모른다는 공포 때문이었다. 그런데 죽은 그녀의 몸을 해부해보니 몸 안에 커다란 혹이 들어 있었다. 그 혹이 마치 살아있는 것처럼 이리저리 뱃속을 굴러다녀서 임신으로 착각한 것이다. 오늘날의 진단으로는 분명 종양이었을 것이다. 하지만 당시는 평범함에서 조금만 벗어나도 모든 것이 마법이고 마녀라는 누명을 쓸 수밖에 없는 세상이었다.

마귀의 저주

스페인에 있는 한 수녀원의 원장 막달레나Magdalena는 어린 시절부터 오랜 기간 마귀와 성관계를 했다고 자백했다. 보딘Bodin이라는 학자는 이것을 "마귀가 어머니 뱃속에서부터 그녀를 저주한 것"으로 간주하였다.

이런 이야기도 있다. 에피아르툭스Epiartcus v. Tuvergne라는 주교가 한밤에 교회를 찾았다가 마귀들의 모임을 우연히 엿보았는데 그 무리의 우두머리가 여성의 옷을 입은 마귀였다는 것이다. 주교가 교회에서 보았다는 무리가 환상일 수도 있고 모여 있는 무리가 선한 집단이 아니라서 그가 비유적으로 이런 말을 했을 수도 있다.

그 당시에는 정말로 마귀가 인간 세상에 머물며 갖은 악행을 저질렀던 것일까? 그러다 인간의 의식과 문화가 점점 진화하자 그 자취를 감춘 것일까? 그렇지 않다면 어떻게 이런 구체적인 자료들이 남아서 현대인들에게 도저히 이해하기 어려운 괴로움을 남긴단 말인가? 혹시 정신병을 앓는 사람들을 마귀나 마녀로 몰아

붙인 뒤 고문을 통해 이런 진술을 하게 한 것일까? 후세를 살고 있는 우리로서는 이해하기 어려운 일이다. 하지만 반대로 생각하여 만약 중세인이 지금 우리의 삶을 본다면 그 사람 역시 적응이 어려울 것이라는 생각을 해본다. 또한 몇 백 년 후의 후세인은 지금 우리가 최첨단 기술의 집약이라고 생각하는 스마트폰을 보고 "저런 구식으로 과연 무엇을 할 수 있었을까?"라는 의문을 가질 수도 있다. 이렇게 생각하면 중세 유럽 문화는 우리 현대인의 입장에서는 이해할 수 없지만, 그들에게는 삶이었다는 것을 그냥 인정할 수밖에 없을 것 같다.

마녀사냥에 대한
찬반론

엉뚱하고 기이한 찬성론

중세 유럽 민중의 삶에 종교와 그 종교에 소속된 신학자들의 영향이 매우 컸음은 앞에서도 여러 번 밝혔다. 하지만 이런 사상의 토대 위에 행해진 마녀사냥이 지나치리만큼 잔인해지자 그리스도교에 대한 절대적인 믿음에도 반론이 등장한다. "과연 이렇게까지 사람을 죽여야만 하는가?"에 대한 의문이었다(그러나 여전히 찬성쪽 의견이 득세했음은 물론이다).

마르틴 안토니오 델리오(Martin Anton Delrio, 1551~1608)는 16세기 스페인의 유명한 예수회 신부이자 학자이다. 마녀이론가인 그는 마녀사냥에 지대한 영향을 미치는 책을 발간했는데, 그의 저서를 들여다보면 "그가 정말 예수회 신부인가?" 하는 의문이 들 정도로 그의 주장은 파격적이고 기이하다. 그는 우선 비 가톨릭 신자인 여자와 마귀 사이의 성적인 결합에 대해 의문을 던진다. 그가 심각하게 품었던 의문은 앞에서도 언급했던, 이 둘 사이의 성교에서 여자의 처녀성이 다치는지 다치지 않는지에 대해서였다. 델리오의 관점은 사실 판타지에 가깝다. 그는 1523년 독일 슈바빙Schwabing 거리에서 불이 나자 화재를 일으킨 장본인이 마녀라는 주장을 서슴지 않았고 마귀가 이 지상에서 있을 수 없는 모든 마법을 부린다고 주장했다. 또한 오스트리아의 왕 프리드리히Friedrich von Oesterreich가 바이에른 지방의 루트비히Ludwig der Bayer 때문에 감옥에 가게 되었을 때 도망칠 수 있도록 도움을 준 이도 마귀라고 주장했다. 그는 이에 대한 근거도 상세하게 밝힌다. 당시 한 마귀가 프리드리히 왕에게 검은 말을 타라고 일러주었는데, 프리드리히가 놀라 넘어지면서 마귀에게 십자가를 내밀자 마귀가 사라져 버렸다는 것이다. 그의 책은 도미니크회 수도사 토마스 말벤다(Tomaso Malvenda, 1566~1628)의 사정없는 비판을 받았다. 하지만 이에 아랑곳하지 않고 그는 여전히 끝없는 호기심을 바탕으로 어이없는 질문을 던지며 연구를 계속해 나갔다.

이런 황당한 주장을 했지만, 그는 마녀들의 재판 과정을 언급할 때에는 잠시나마 신부로서의 자비를 베풀기도 하였다. 마녀재판은 부드럽고 관대하게 진행해야 하며 그녀들에게 자비심을 가져야 한다고 주장한 것이다. 그리고 몸을 다치게 하지 말고 정당한 방법을 통해 심문해야 하며 자백을 받아내기 위해 고문대를 사용할 때에는 한 시간 이상 지속해서는 안 된다는 말도 하였다. 이것만 보면 '그가 성직자이긴 하구나' 하는 생각이 든다. 하지만 이런 그의 주장은 말에 불과하다. 사람이 지나친 고문을 받게 되면 한 시간 정도 버티기는커녕 순식간에 죽을 수도 있기 때문이다. 그가 이런 말을 한 데는 나름대로 이유가 있었다. 마녀사냥을 잠재우기보다는 논란을 빌미로 더 많은 사람을 마녀로 몰려는 의도가 숨어 있다고 당시 사람들은 판단했다.

사제인 신부가 이런 주장을 한 것도 모자라 책으로까지 남겼다는 자체가 의아하다. '중세에는 심각한 종교적인 질문이었을 것'이라는 전제를 깔고 이해하려 해도 '사람을 죽이지 말라'는 성서의 구절은 오간 데 없기 때문이다. 틀 하나를 설정해 놓고 그 범주를 조금만 벗어나면 모든 것이 정상이 아니라고 주장하는 그리스도교 특유의 이분법이 가득한 책이라 더욱 씁쓸하다. 이런 성향의 종교적인 믿음이 오늘날에도 여전히 성행하고 있지는 않은지 주위를 돌아보아야 할 것이다. 시대는 변했을지라도 인간은 그리 쉽게 변하지 않기 때문이다.

다른 신학자들도 비슷한 주장을 했다. 신학자 에덜린Edelin은 마녀는 반드시 존재한다고 주장했다. 또한 남편이 잠을 자는 동안 남편을 마귀로 만들어 버리는 것도 마녀의 소행이라고 주장했다. 그는 특히 '마녀연고'에 깊은 관심을 두었는데, 그가 연구 끝에 밝혀낸 사실(?)은 마녀연고를 만들 때에 죽은 아이의 손톱이 꼭 필요하다는 것이다. 그리고 마녀는 몸의 한 부분에 이 연고를 바르고 마녀모임에 참석한다고 주장했다. 이뿐만이 아니다. 마녀는 자신이 만든 가루를 음식에 집어넣거나 아니면 옷 속에 넣어 사람을 괴롭힌다고도 말했다. 때로는 이런 가루를 가지고 어린이를 죽이는 악행을 저지른다고도 했다.

신학자인 이들의 주장은 후에 마녀사냥에 중요한 논거로 작용한다. 마녀로 몰린 사람들이 법정에서 받는 심문 중에 신학자들의 의견이 첨부되었기 때문이다. 당시 신학자들이 무책임하게 뱉어낸 주장이 사람을 죽이는 도구로 변모한 셈이다.

다른 신학자들의 주장 역시 기이하기는 마찬가지이다. 그들은 "동물도 인간처럼 영혼이 있는가?"라는 질문에, 만약 동물에게 영혼이 있다면 마귀가 조종할 수 있다고 답했다. 실제로 이런 판결이 있었다. 1266년 퐁뜨네-오-호스Fontenay aux Roses라는 프랑스의 작은 마을에서 인간이 아닌 돼지가 법정에서 사형 선고를 받고 살아 있는 채로 불에 태워졌다. 돼지가 아이를 죽였기 때문이다. 마귀가 들린 돼지이니 인간처럼 재판 후 사형시켰던 것일까? 1386년에는 시청 앞에서 돼지에게 옷을 입힌 후 머리와 다리를 자른 기록도 남아 있다. 1488년에는 쥐를 법정에 세운 일도 있다. 1604년 파리에서는 당나귀가 마법에 걸렸다고 법정에 세워 사형을 선고한 뒤 죽였다. 모두 인간이나 동물에 마귀가 깃들을 수 있다는 종교적인 견해에 따라 일어난 우스꽝스러운 일이었다.

황당한 물 시험

철학자이자 의사인 빌헬름 아돌프 스크리보니우스(Wilhelm Adolf Scribonius, 1550~1600)는 마녀사냥 옹호가였다. 철학 저서와 신학 저서를 많이 남겼던 그는 말년(기록에는 1583년부터라고 한다)에 마녀이론 옹호가로 활발한 활동을 하였다. 그는 자신이 개발한 '물 시험'이야말로 단연코 가장 정확한 신의 심판이라고 주장했다. 지금 시대를 사는 사람이라면 어이없고 황당해 했을 이 시험을 당시 거의 모든 사람이 믿고 따랐으며, 이 때문에 얼마나 많은 사람이 마녀로 몰려 죽임을 당했는지 알면 깜짝 놀랄 것이다. 그의 물 시험은 특히 법정과 민중에게 큰 호응을 받았다. 의사인 헤르만 노이발트(Hermann Neuwalt, 1550~1611)와 요하네스 에비히(Johannes Ewich, 1525~1588) 등만이 그의 이론에 반대했을 뿐이다.

그는 『차가운 물을 통한 마녀시험과 심문에 관하여Von Erkundigung und Prob der Zauberinnen durchs kalte Wasser』라는 저서에서 마녀인지 아닌지 구분하는 방법으로 '물 시험'이 가장 정확하다고 주장했다. 물 시험 중 첫 번째는 마녀로 의심받는 사람을 물에 빠뜨려 마녀인지 아닌지를 알아보는 것이다. 물은 고대부터 신성한 것으로 여겼기에, 그 신성함이 마녀를 구분해 줄 것이라는 그의 주장은 큰 호응을 얻었다. 마녀로 의심되는 사람의 손과 발을 묶어 깊은 물속에 던진 뒤 가라앉으면 죄가 없으니 다시 건져서 살려주겠다는 이 시험은 사실 구실에 불과했다. 건지기도 전에 익사한 사람이 대부분이었기 때문이다. 반대로 물에 뜨면 마녀라고 의심하였다. 마귀가 도와주어서 가라앉지 않고 물에 뜰 수 있었다면서 말이다.

두 번째는 뜨거운 물로 하는 시험이다. 이것은 찬물 시험보다 더 오래된 방법이다. 마녀로 의심받은 자는 아무것도 걸치지 않은 맨손으로 끓는 물속에 들어 있는 작대기나 돌을 꺼내야 한다. 그 후 손에 붕대를 감아두었다가 며칠 후 풀었을 때에 상처가 곪지 않았다면 마녀가 아닌 것으로 판별했다. 신의 도움으로 상처가 곪지 않았다는 것이다. 반대로 상처가 곪아 터진 경우에는 두말할 것도 없이 마녀로 몰렸다. 당시 학문과 사람들의 수준은 이렇게 일반적인 상식 수준에도 미치지 못하였다. 이런 말도 안 되는 시험으로 도대체 얼마나 많은 사람을 죽였단 말인가!

예수회 신부 게오르그(Georg Scherer, 1540~1605)는 오스트리아의 린츠Linz와 빈Vienna에서 유명한 설교가로 활동했다. 예수회 사제로서 마귀를 쫓는 예식을 주로 거행했던 그는 많은 기록을 남겼는데, 가장 인상적인 활동은 빈의 주교 요한(Johann Caspar Neubeck, 재위 1574~1594) 및 다른 사제들과 함께 거행했던 예식이다. 1583년 오스트리아에 살던 안나Anna Schluttbaeurin라는 여자가 마귀에 들렸을 때, 그는 마귀를 쫓는 예식을 통해 그녀를 마귀에게서 자유롭게 해주었다. 황당한 것은 이 예식을 거행한 주교의 주장이다. 그녀의 몸 안에는 자그마치 1만 2526명의 마귀가 들어 있었다는 것이다. 이처럼 마녀사냥을 옹호하는 사제들은 그들이 퇴치한 마귀의 숫자를 구체적으로 나열했다.

앞에서 소개한 예수회 사제들과는 달리 민중을 생각하여 올바른 판단을 한 선한 사제도 있었다. 독일 남서부 지역 트리어에서 일했던 한 예수회 신부는 95세 노인이 억울하게 마녀로 몰려 화형당하기 전에 그를 구해주었다. 트리어의 이 예수회 신부처럼 억울한 누명 때문에 죽을 위기에 처한 사람을 구해주는 것이 그 시대를 살았던 사제의 진정한 도리가 아니었을까.

마녀사냥에 반기를 들다

　허무맹랑한 주장으로 사람들을 마녀로 몰았던 악랄한 예수회 사제들만 있었던 것은 아니다. 이런 주장과 마녀사냥에 반대 깃발을 든 이들도 있었다. 앞에서 잠깐 언급한 대학교수이자 의사였던 헤르만 노이발트는 빌헬름 아돌프 스크리보니우스의 '물 시험'에 대해 매우 강하고 혹독하게 비판하였다. 그는 의학 잡지에 의견을 기고하고 당시 출간된 『의사들을 위한 기도 책』에도 이런 내용을 담았다. 하지만 그도 결국 그리스도교를 믿는 중세인이었는지, 마녀인지 아닌지 판단할 수 있는 '물 시험'에만 반대했을 뿐 마녀사냥 자체는 반대하지 않았다. 물론 그가 마녀사냥 자체를 반대했다면 당시 학계에서 자리 잡기는 힘들었을 것이므로 그의 입장을 조금은 이해할 수 있긴 하다.

　더 적극적으로 반대 의사를 밝혔던 사람도 있었다. 의사 요한 바이어는 마녀사냥 자체에 대해 완강히 거부하며 마녀사냥 옹호자들과 싸웠다. 그는 자신의 저서에서 다음과 같이 주장했다. "우리가 잡아들이는 사람들은 마녀가 아니다. 대부분 우울증을 앓고 있는 아픈 사람일 뿐이다. 그런 사람들은 잡아 죽일 것이 아니라 의사의 치료를 받게 해야 한다." 그러자 뒤에 자세히 언급할 마르틴 델리오 신부는 요한 바이어의 주장을 끝없이 비판하였다.

　사제이자 신학자이고 교수이며 인본주의자인 코르넬리우스 로스(Cornelius Loos, 1546~1595)는 당시 마녀와 마귀에 대한 견해 자체를 거부한 사람이다. 그는 특히 심문과정에서 벌어지는 고문의 무자비함에 대해 맹렬하게 비판했다. 그러자 교황대사인 프랑기

파니Frangipani는 그를 독일 트리어에 있는 성 막시민St. Maximin 수도원에 감금한다. 교황청의 직속 사제들도 예외 없이 마녀사냥에 푹 빠져 있었다는 것을 알 수 있는 사례이다. 계속되는 탄압 속에서 코르넬리우스 로스는 생명에 위협을 느꼈는지 1593년 3월 25일 마녀사냥에 대한 자신의 견해가 잘못되었다는 성명을 발표했고, 덕분에 다시 벨기에의 브뤼셀Brussels에서 사제직을 맡을 수 있었다. 하지만 자신의 눈앞에서 억울하게 사람들이 죽임을 당하는 모습을 보자 그는 다시 마녀사냥에 대한 반대 의견을 제창하다 체포되었다. 이번에는 교회의 수장들로부터 "다시 한 번 마녀사냥에 반대한다면 당신도 불에 태워 죽이겠다!"라는 협박까지 받는다. 그의 말년이 어떠했는지 궁금한데 더는 자료가 남아 있지 않다. 사제로서 깨끗한 양심의 소유자이다 보니 억울하게 죽어가는 사람들에게 동정심과 자비심이 생겼을 테지만, 안타깝게도 그런 마음 때문에 감옥에 갇혀 고문을 당하다 거짓 자백을 번복했으리라 생각하니 가슴이 아프다.

이 외에도 법학자이자 철학자인 크리스티안 토마지우스(Christian Thomasius, 1655~1728) 역시 당시에 처참하게 죽어가는 사람들을 보고 마녀사냥을 없애야 한다고 강력하게 주장했다.

한 가톨릭 사제의 용기 있는 저서, 재판관에게 경고한다!

가톨릭 교리에 얽매인 답습적인 마녀 사고에서 벗어나 먼저 인간을 생각한 신학자 아담 탄너와 슈페의 경우를 살펴보자.

아담 탄너(Adam Tanner, 1572~1632)는 신학 교수로 재직하면서 같은 예수회 신학자였던 슈페에게 많은 영향을 끼친 사람이다. 무자비한 마녀사냥과 재판을 잘 알고 있던 그는 마녀사냥을 멈추기 위해 마녀사냥을 반대하는 책을 쓰기도 했다. 또한 앞에서 소개한 마녀사냥 옹호자인 마르틴 안토니오 델리오 신부와 마녀사냥을 두고 논쟁을 벌이다 "아담 탄너 신부 역시 마녀라서 마녀사냥에 반대하는 것 아니냐?" 하는 의심까지 받았다. 아담 탄너의 주장은 혐의자를 무조건 마녀로 몰아 죽이지 말고, 이들에게 자신이 마녀가 아님을 해명할 수 있는 시간과 기회를 주기 위해 교회가 나서서 보속시간을 주자는 것이다. 그는 그리스도 정신에 합당한 다른 종교적인 방법도 제시했다. 혐의자들이 수호성인들에게 보속기도를 하게 하거나 인간이 가장 인간답게 살아가는 방법을 교회 안에서 모색해 보자는 주장이었다. 또한 그는 어린이들이 성장 과정에서 참다운 교육을 받아야만 성인이 되어도 나쁜 일에 휩쓸리지 않을 수 있다며 교회에서 마녀와 마귀에 대해 지나친 설교를 하지 말자고 제안하였다. 그의 한 가지 단점(?)은, 그가 춤을 지독하게 싫어했다는 점이다. 그는 춤을 지나치게 향락적인 행위로 여겼다. 방망이를 늘 몸에 숨기고 다니면서 춤에 빠진 농부들을 보면 때려서라도 저지시켰다는 다소 우스운 기록도 남아 있다.

　예수회 신부이자 시인이었던 프리드리히 슈페(Friedrich Spee, 1591~1635)는 사회 전체가 마녀사냥 때문에 어지러운 실타래처럼 얽히고설켰다는 사실에 경악하여 마녀재판과 고문을 반대하는 내용을 담은 『재판관에 대한 경고Cautino Criminails』라는 책을 저술했다. 그는 이 책에서 재판 과정의 잘못을 조목조목 지적했다가 수도원 안의 동료들에게 거센 비판을 받았다. 독일 파다본^{Paderborn}의 주교 펠킹(Johannes Pelking, 1573~1642)은 이 책을 '신을 모독하는 불경한 저서'라로 간주했지만 그의 책 덕분에 유럽 곳곳에서 일어났던 마녀사냥의 광기가 차츰 누그러질 수 있었다. 만약 그의 책이 출간되지 않았더라면 더 많은 사람이 억울하게 죽임을 당했을지도 모른다며 후세의 학자들은 그의 행위를 높게 평가하고 있다.

이 책의 출간 과정에 관한 뒷이야기도 전해진다. 그는 자신이 다칠 수도 있다고 생각했는지, 처음에는 이 책을 익명으로 출간하였다. 하지만 나중에는 용기 있게 자신이 이 책을 썼노라고 이름을 밝혔다. 만약 그가 처음부터 자기 이름을 내세워 책을 출간하였다면 이 책이 사회에 많은 영향을 끼치기도 전에 그 역시 마녀로 몰려 마녀재판에 넘겨졌을지도 모른다.

그런 위험을 감수하고서라도 그가 이 책을 쓸 수밖에 없었던 동기는, 그가 사제로서 직접 경험하고 체험한 일들 때문이었다. 그는 마녀재판에 끌려가는 사람의 영혼을 위해 기도해주는 영적 지도신부로 동행한 적이 많았고, 마녀사냥으로 고통 받는 민중을 꼼꼼하게 살펴볼 기회도 있었다. 날씨 변동이나 흉년 등 자연재해로 사람들이 굶어 죽어도 마녀의 짓으로 돌리는 세상의 여론이 못마땅했고 종교 분파가 생겼을 때에는 이것 또한 마귀의 저주로 여기는 교회 사람들이 그에게는 온전하게 보이지 않았다. 그는 사제로서의 본분을 잊지 않은 사람 중 하나였다.

그가 쓴 책의 내용처럼, 마녀재판은 억울한 사람에게 죄를 덤터기 씌우는 경우가 태반이었다. 마녀로 몰려 화형당한 희생자의 약

팔십 퍼센트는 여자였고 그들 중 대부분은 과부와 가난한 사람, 또한 정신적으로 이상이 있는 사람이었다. 이웃이 이웃을 고발하는 등 밀고가 점점 심해지자 그는 억울한 마녀사냥을 막기 위해 마녀재판 자료를 찾아 연구하였고, 마녀로 몰린 사람을 심문할 때나 재판할 때에 함께 참여하거나 감옥에 갇힌 사람들과 대화를 나누면서 자료를 모았다. 그는 힘없는 사람들일수록 법의 보호를 받지 못하고 자신을 변호할 기회조차 얻지 못한다는 것을 통감했다. 또한 마녀재판관들이 혐의자를 고문할 때는 이미 시나리오를 짜 놓은 상태에서 자신들의 목적에 합당한 자백을 받아 내기 위하여 갖은 악랄한 방법을 동원한다는 사실도 알아냈다.

그가 밝힌 바에 의하면 많은 사람이 진짜 마녀가 아니라 그냥 술을 많이 마신다는 이유로 혹은 이웃의 시기나 질투, 복수나 해코지의 목적으로 밀고를 당하는 경우가 대부분이었다. 억울하게 밀고 당한 이가 처참하게 불에 타죽는 것을 목격하면서 그는 다음과 같은 결론을 내렸다. "신학자들이 탁상공론 속에서 만들어 낸 가상의 인물이 마녀이고 마녀사냥이다. 이들은 이 가상의 인물이 실제로 있다고 믿고 의심되는 사람을 잡아다 심한 고문을 하느라 정작 억울하게 죽어가는 사람들의 비명소리를 듣지 못하고 있다."

그는 진정한 인간의 가치는 무엇인지, 인간이 인간에게 관용을 베푸는 것이 무엇인지를 제시하면서 자신의 주장을 펼쳐나갔다. 하지만 그의 주장에도 경계선은 있다. 죄를 지은 모든 사람을 풀어주자는 것이 아니라, 지금 행해지는 고문이 인간의 상상을 초월할 정도로 무자비하니 그것을 막자는 주장이다. 죄 없는 자들도 분명 있을 것이고 잘못된 심문도 분명 많을 터인데, 사람으로서 견디기 어려운 고문을 동반하여 심문한다면 그 고통을 참지 못해 허위 자백을 하지 않을 수 없다는 것이다. 즉 법 앞에서 무죄 고백을 할 기회가 없는 힘없는 사람들을 기득권의 심판에 따라 가차없이 죽이는 제도를 바꾸자는 것이 그가 주장한 내용의 핵심이다.

그의 책은 제후들에게도 큰 영향을 주었다. 스웨덴의 여왕 크리스티나(Alexandra Christina, 1626~1689)는 1649년 마녀사냥을 금지하라고 명하는 동시에 그 당시 진행 중인 모든 마녀재판을 중지하였다. 그녀는 지금까지 마녀로 몰려 잡힌 이도 모두 풀어 주었다. 1740년 프리드리히 2세(Friedrich Ⅱ, 1712~1786)도 마녀재판에서 고문을 금지하는 한편, 아직 많은 여성이 억울하게 마녀라는 덫에 걸려있다며 이들을 풀어주고 평화롭게 살아갈 수 있도록 조처했다. 한 스페인 신부가 저술한 책이 이토록 큰 반향을 불러 일으킨 것이다.

이처럼 마녀사냥의 역사에 큰 영향을 끼친 슈페 신부의 말년은 안타깝게도 그리 좋지 못했다. 그는 이 책을 집필한 후 동료와 교회 수장들의 비난을 한 몸에 받았고 불리한 조건의 근무지로 이동을 지시받았다. 그가 마인츠에 근무할 때 페스트가 발병했는데, 그는 가난한 병자들을 돌보다 페스트에 전염되어 목숨을 잃었다. 그의 나이 44세 때였다. 『재판관에 대한 경고』에서 그가 주장한 51가지 중 몇 가지를 요약해 본다.

* 물론 진짜 마녀가 있을 수도 있다. 하지만 지금까지 내가 보아온 바로

는 그들은 전부 마녀가 아니었다. 마녀로 몰려 잡혀 온 자 중 진짜 마녀와 마녀가 아닌 사람을 신중하게 관찰하여 구별해야만 한다.

 * 진짜 마녀가 있다 하더라도, 인간을 불에 태워 죽이는 것은 마녀 행위보다도 더 악의적이고 음흉하다.

 * 마녀를 고문하는 기구는 도저히 있을 수 없으며 잘못된 것이다. 이런 기구를 사용하는 것은 전쟁보다 더 심각하게 민중을 초토화시킨다. 절대로 그런 방법으로 사람을 심문하고 고문해서는 안 된다.

 * 밀고나 고발이 들어왔을 때에 무조건 그 말만 믿고 혐의자를 잡아들여서는 안 된다. 반드시 신중하게 사실 여부를 점검해야만 한다. 아무 잘못도 없는데 시기와 질투에 의한 밀고로 잡혀 온 사람들도 있다. 억울하게 잡혀 온 것도 문제지만, 이들이 받는 심문과 고문 역시 지나치게 무섭다.

 * 재판관은 이유 없이 타인을 비방하는 자들에게도 엄중한 조처를 해야 한다. 이렇게 해야 죄 없는 자가 법적 보호를 받을 수 있다.

 * 재판관 중 많은 사람이 뻔뻔하고 교만하며 물욕이 넘치고 무지하다. 이들이 좋아하는 것은 단지 하나, 인간이 흘리는 피다. 마녀재판은 단지 지식만 갖고 있는 학자들이 하면 안 된다. 인간적인 기본 소양을 갖춘 현명한 사람들이 재판해야만 올바른 판결을 내릴 수 있다.

 * 마녀사냥에서 혐의자의 재산은 압수해서는 안 된다. 이런 몰염치한 일은 즉각 중단해야만 한다.

 * 고발당한 사람에게는 반드시 변호인을 붙여 주어야 하고, 고문을 통해 강제자백을 받아내는 일은 중단해야 한다. 무시무시한 고문을 당하면 고통스러운 나머지 죄가 없어도 억지 자백을 하기 마련이다.

 * 마녀재판에서 행해지는 무시무시한 고문은 신 앞에 그리고 모든 정의

앞에 부끄러운 일임을 알아야 한다. 재판관과 사형집행인은 순전히 그들이 원하는 자백을 받기 위해 고문을 한다. 붙들려온 사람 중에는 죄 없는 사람도 있을 터인데, 이들의 억울한 인생은 누가 보상할 것인가?

 * 고문은 가장 비인간적인 방법이다. 생각해보라. 인간이 인간을 고문한다는 것은 인간의 진정성을 상실한 것이다.

 * 감방에 있는 사람들을 고문하기 전에, 그들의 머리카락을 자르는 것도 범죄이자 악습이다.

 * 진정 고문하기를 원하는가? 그렇다면 올바른 전문가를 동원해 마녀인지 아닌지 판단한 다음 고문하도록 하라.

　슈페 신부가 주장한 내용은 사실 특별한 것이 아니다. 심문을 하되 윤리와 기본을 잘 지키며 행하자는 것이 그가 주장하는 내용의 핵심이다. 그 역시 같은 그리스도교의 배를 탄 사제였지만 동료들이 교리에 묶여 인간에 대한 기본조차 지키지 못하는 상황을 안타깝게 여겼다. 그의 주장으로 마녀재판이 새로운 국면에 접어든 점은 높이 살만하다.

　마녀로 몰려 죽어가는 사람들이 안타까운 나머지 슈페 신부는 이런 한탄을 했다. "나는 살아 있는 사람보다 죽은 사람을 더 찬양한다. 아니, 태어나지 않는 사람이 더 행복해 보인다. 분명 이런 말도 안 되는 재판을 보지 않아도 되니 얼마나 행복할 것인가. 왜 재판관들은 인간이 지닌 정상적인 감정을 느끼지 못하는 것인가!" 마녀재판의 고문이 얼마나 고통스러웠을지는 이 책에 나오는 그림만 들여다보아도 알 수 있는데, 당시 그 모습을 직접 본 당사자들은 어떠했겠는가? 얼마나 답답하고 억울하며 분통이 터졌을까?

당대의 사상가들이 외치다

요한 게오르그 괴델만(Johann Georg Godelmann, 1559~1611)은 독일의 법률가이자 마녀이론가였다. 그 역시 마녀사냥과 마녀재판을 반대하며 모든 고문을 중지하라고 외쳤다. 역사에 남을 인문주의자인 그가 마녀사냥에 대한 허구성을 주장하자 그의 제자들도 영향을 받고 마녀사냥과 재판에 대해 반대하고 나섰다. 그러나 그 역시 물 시험에 대해서는 강하게 반대했지만, 고문과 사형에 대해서는 반대하지 않았다는 한계가 있다. 그래도 그의 이런 주장 덕분에 무고한 많은 사람이 생명을 건질 수 있었다.

그 외에도 많은 신학자가 마녀사냥을 반대하였는데, 특히 발타자르 베커(Balthasar Bekker, 1634~1698)와 요한 마테우스 마이파르트는 마녀사냥을 중지하고 그리스도교 본래의 정신으로 돌아가자고 강력하게 촉구한 사람들이다. 이들의 주장 덕분에 중세의 많은 사람이 마녀로 몰려 불구덩이에 들어가는 것을 피할 수 있었다(사상가들이나 신학자들이 시대의 양심에 상응하게 호소할 때에 이처럼 바람직한 사회로 흐를 수 있다는 것을 이 자료들을 통해서 확인할 수 있다).

우리는 이 책을 통해 마녀가 정말 있다고 믿고, 그들이 인간에게 해악을 끼친다고 주장한 당대의 몇몇 학자들의 어리석음을 확인해 볼 수 있다. 냉혹한 눈으로 보면 성서에는 진리가 없을지도 모른다. 당대의 학자들이 이렇게 나서서 마녀사냥을 학문과 연관 지어 옹호한 자체가 어리석음의 극치였기 때문이다. 시대가 바뀌어도 불변하는 것이 진리이다. 성서의 해석 또한 마찬가지이다. 시대에 따라 성서의 해석이 달라진다면 그것은 진리가 아님을 반증하는 것이 아닐까. 이는 학설 몇 개를 예로 들어봐도 그렇다. 코페르니쿠스와 아인슈타인, 그리고 수많은 자연과학자가 주창했던 많은 학설 중에도 지금은 쓰레기통에 버려진 것도 많다. 지금 이 시대에도 학문이란 이름으로 비슷한 잘못을 저지르고 있는 것은 아닌지 반성해 보아야 한다.

2부... 마녀재판과 고문의 기록

마녀사냥으로 희생된 사람의 수는 학자마다 의견이 아직도 분분하다. 전 유럽과 그리스도교가 등장했던 식민지까지 합쳐서 계산하면 수백만 명의 사람이 마녀사냥으로 희생당한 것으로 보는 학자들이 있는 반면, 이런 숫자를 터무니없다고 주장하는 학자들도 있다. 이 책에서 언급한 볼프강 베링거 교수는 유럽에서만 약 10만 명 이상의 사람이 마녀로 몰려 희생되었고 그 중 독일어를 쓰는 나라, 즉 독일과 오스트리아, 스위스 등에서는 약 6만 명 정도 희생되었다고 추산한다. 이처럼 다양한 의견과 연구가 있음에도 정확한 희생자의 숫자는 알 수 없지만, 수많은 희생자가 있었던 것만은 분명하다.

마녀사냥으로 얼마나 많은 사람이
희생되었을까?

유럽을 뒤흔든 공포

'마녀사냥'으로 도대체 얼마나 많은 사람이 죽음으로 내몰린 것일까? 그들을 어떤 고문기구를 사용하여 심문하고, 어떤 방법으로 죽인 것일까? 마녀 문화사의 대가인 볼프강 베링거 교수가 자신의 저서에서 제시한 자료를 바탕으로 살펴보기로 하자.

먼저 스웨덴과 노르웨이, 덴마크 등이 있는 북유럽이다. 덴마크에서는 1536~1693년에 마녀사냥이 가장 활발하게 일어났으며 희생당한 사람의 숫자는 1000~2000명 정도로 추산된다. 노르웨이에서는 1560~1680년에 2000명 정도의 사람이 희생되었다. 그에 비해 스웨덴은 비교할 만한 자료가 남아 있지 않다. 마녀재판이 전혀 없었다는 것이 아니라, 마녀재판은 있었지만 추론할 수 있는 통계자료가 남아 있지 않다는 뜻이다. 이에 베링거 교수는 이웃 나라의 희생자 숫자와 비슷한 수준으로 짐작하면 된다고 언급했다. 다만 스웨덴에서는 앞에서도 밝혔듯이 슈페 신부의 저서에 영향을 받아 크리스티나 여왕이 마녀사냥을 금지했고, 그 덕분에 많은 사람이 억울하게 죽임을 당하는 것을 피할 수 있었기에 근처 다른 나라들보다는 숫자가 적었을 것으로 예상할 수는 있다.

스웨덴의 기록으로 그나마 남아 있는 것은 달라르나^{Dalarna} 지방과 옹에르만란드^{Angermanland} 지방에서 열린 마녀재판이다. 이 재판은 1660년 이후 가장 큰 마녀재판으로 기록되어 있다. 달라나 지방의 재판에서는 100명이 넘는 사람이 재판에 넘겨졌는데 이중 70명의 여자와 15명의 어린이가 마녀로 몰려 불에 타 죽었고 나머지는 가벼운 형벌을 받고 풀려났다. 옹에르만란드에서는 1674~1675년에 70명이 마녀로 몰려 죽임을 당했다. 한편 핀란드에서는 비교적 늦게 마녀사냥이 일어났는데 30명 정도가 희생되었다고 베링거 교수는 말한다.

동유럽인 폴란드에서는 1511년 포즈나뉴^{Poznan}에서 첫 마녀사냥이 일어났지만, 절정에 이른 것은 17세기 중반이다. 16세기에 종교전쟁과 마녀사냥으로 각 나라가 피 냄새로 진동할 때에도 폴란드에서는 마녀로 몰려 죽은 사람이 많지 않았다. 그래도 전체적으로 희생된 사람의 수는 수천 명으로 추산하고 있다. 대개 17~18세기 사이에 일어난 사건들이고, 1776년에 마지막 마녀사냥이 일어난 것으로 기록되어 있다. 또한 독일과의 국경지대인 서쪽이 폴란드 동쪽보다 마녀사냥이 더 심했던 것으로 보고되고 있다.

우크라이나에서는 18세기 초, 유럽의 다른 나라들보다는 다소

늦게 마녀사냥이 일어나 약 100명 정도가 재판에 넘겨졌다. 그러나 우크라이나는 가톨릭이 아닌 러시아 정교회의 영향 아래 있었기에 재판만 하였을 뿐 사람을 태워 죽이지는 않았다. 러시아 정교회는 마귀를 가톨릭과는 다르게 우주적인 한 형상으로 해석하고 있다. 우크라이나에서는 인간으로서 윤리적으로 해서는 안 되는 짓을 저지른 사람들을 사형시켰을지언정 마녀사냥으로 사람을 죽이지는 않았다. 그리스도교와 같은 성서를 믿는 러시아 정교회는 "사람을 죽이지 말라"라는 예수의 십계명을 그리스도교보다 더 잘 지킨 듯하다. 같은 성서를 두고도 해석 여하에 따라 사람의 목숨이 이렇게 왔다 갔다 했음을 여기서도 발견할 수 있다.

그럼 마녀사냥이 처음 시작된 나라는 어디일까? 기록에 따르면 프랑스 남쪽과 이탈리아 북쪽에서 처음으로 마녀사냥이 시작되었다고 한다. 특히 이곳은 교황의 이름으로 재판이 진행되었는데, 마녀사냥이 최고조로 달한 시기는 1500년경이다. 하지만 마녀사냥에 대해 거센 비판이 일어나다 보니 1520년경에 들어서면서부터 그 숫자가 현저하게 줄어들었고, 16세기 말에 들어와서는 몇 건의 재판기록만이 남아 있을 뿐 다른 나라와 비교하면 심각한 정도는 아니었다.

특히 이탈리아 남쪽에서는 마녀사냥을 거의 찾아볼 수 없다. 이탈리아 중부 쪽에서는 가톨릭의 영향을 받아 마녀사냥이 일어나기는 했지만 이탈리아 북쪽과 비교하면 미미한 수준이었다. 1530년경에는 이탈리아 북쪽에서만 몇백 명이 불에 타 죽었고, 그 이후에도 1000여 명 정도가 더 불에 타 죽임을 당했다. 옆 나라인 스페인에서도 억울한 희생자가 많았다.

서유럽에서는 16세기 말에 마녀사냥이 정점에 이른다. 그로 인해 마녀사냥에 관여했던 사람들 역시 앞에서 밝혔듯이 두 파로 나뉘었다. 마녀사냥을 멈추어야 한다고 인간적으로 호소하는 사람들과 기이한 학설과 주장을 들이대면서 마녀사냥을 더 부추기는 사람들, 이렇게 두 종류였다.

당시 네덜란드는 신교가 득세한 덕분에 다른 나라보다 비교적 마녀사냥의 희생자가 적었다. 오늘날의 벨기에 지역은 1509~1646년에 200명 이상이 화형을 당했다. 최근 새로운 연구결과에 따르면 룩셈부르크에서는 약 350명 정도가 마녀사냥으로 희생되었다고 한다. 그럼 유럽의 중심에 위치한 프랑스와 독일, 스위스는 어떠했을까?

15세기경 프랑스와 스위스에서는 이미 1000여 명이 마녀로 몰려 화형을 당했다. 특히 프랑스에서 마녀사냥이 심각하게 진행되었는데, 그중에서도 프랑스 남서쪽의 상황이 심각했다. 1557년 툴루즈에서 40여 명, 1570년 사부아Savoie에서 80여 명이 처형되었고 알자스에서는 1575년부터 1000명이 넘는 사람이 희생되었다. 로렌Lorraine에서는 1580~1595년에 니콜라스 레미(Nicolas Remy, 1530~1616)라는 재판관이 중심이 되어 900여 명을 처형했다. 부르고뉴Bourgogne에서는 1600년경에 앙리 보게Henry Bouget라는 재판관이 이끈 재판으로 600여 명이 희생되었다. 바스크Basque에서는 드 랑크르(Pierre de Lancre, 1553~1631)라는 재판관이 중심이 되어 1609년에 약 600여 명을 처형했다. 1600년 아르데넌Ardennen

에서는 300여 명이 희생되었다.

스위스 또한 프랑스와 더불어 마녀사냥이 크게 일어난 곳이다. 사학자 바더Bader의 연구에 의하면 5417명이 마녀로 몰려 죽임을 당했고 그중 3371명이 스위스 바아트Waadt에서 희생되었다. 스위스 전 지역으로 통계를 내보면 어마어마한 숫자의 사람이 희생되었으리라고 학자들은 추론한다.

희생자의
지역별 분포도

계몽주의 영향으로 서서히 줄어든 마녀사냥

다음은 마녀사냥의 지역 분포도를 살펴본다. 먼저 스위스와 스페인의 각 지역별 희생자 숫자이다.

* 표1) 바더가 제시한, 스위스 칸톤(Kanton, 주) 별 마녀로 죽어간 이들의 도표

도시들	죽은 숫자
취리히Zuerich	80
베른Bern	54
루체른Luzern	165
우리Uri	3
슈비츠Schwyz	35
운터발덴Unterwalden	172

글라루스 Glarus	1
추크 Zug	22
프라이부르크 Freiburg	332
솔로투른 Solothurn	59
바젤 슈타트 Basel-Stadt	14
바젤란드 Basel-Land	80
아펜젤 Appenzell	62
장크트 갈렌 Sankt Gallen	24
그라우뷘덴 Graubuenden	246
아르가우 Aargau	63
투르가우 Thurgau	2
테씬 Tessin	129
바아트 Waadt	3371
발리스 Wallis	212
노이엔부르크 Neuenburg	226
제네바 Geneva	65
샤프하우젠 Schaffhausen	–
합	5417명

(바더의 통계를 인용하여 볼프강 베링거 교수가 발표한 수치)

* 표2) 1481~1808년 동안 스페인에서 마녀사냥으로 희생당한 사람의 통계

기간	산 채로 화형	참수 후 화형	감옥행
1481~1488	10220	6840	97971
1488~1507	2592	892	32952
1507~1517	3564	2232	48059

1517~1521	1620	560	21835
1521~1523	324	112	4481
1523~1545	2250	1125	11250
1545~1546	840	420	6520
1546~1550	1320	660	6600
1550~1597	3990	1845	18450
1597~1621	1840	692	10716
1621~1665	2852	1428	14080
1665~1700	1630	540	6812
1700~1746	1600	760	9112
1746~1759	10	5	170
1759~1788	4	–	56
1788~1808	–	1	42
합	34656명	18112명	289106명

(출처 : 페레알Fereal의 저서에서)
왕의 통치기간에 따라 구분하여 정리한 것이라 연도의 겹침이 있다

페레알은 스페인에서 희생당한 사람의 숫자를 이렇게 제시했
다. 이 도표에는 프리드리히 7세(Friedrich Ⅶ, 1647~1709)의 치세
기간이 빠졌는데 페레알은 당시 수만 명 이상이 마녀사냥으로 고
통을 당하였다고 주장했다. 위 도표에서 보는 바와 같이 희생자의
숫자는 시기마다 다르다. 정권이 바뀔 때마다 숫자가 달라졌는지,
아니면 그때 마침 마녀의 수가 적었는지는 알 수가 없지만 이 도표
를 보면 중세 후기로 갈수록 마녀사냥으로 희생당한 사람의 숫자
가 현저하게 줄어드는 것을 알 수 있다. 바로 유럽에 계몽주의가

도래했기 때문이다. 계몽주의의 물결이 거세질수록 마녀사냥에 대한 비판도 함께 거세게 일어났고, 거기에 상응하여 마녀사냥도 점차 줄어들었음을 확인할 수 있다.

계몽주의 덕분에 유럽에서는 마녀사냥이 줄어들었지만, 희생당한 사람이 줄었다는 뜻은 아니다. 유럽인들은 자신들이 자국에서 자국민에게 저질렀던 마녀사냥과 마녀재판을 당시 정복했던 식민지에서 다시 고스란히 자행하였다. 당시의 식민지는 유럽 안쪽의 식민지와 유럽 바깥쪽의 식민지 두 갈래로 나뉘어지는데 유럽 안쪽의 식민지로는 지금의 이탈리아에 속하는 사르디니아 섬Sardinia island과 시칠리아Sicilia 그리고 북해北海 연안의 플랑드르Flandre 등을 꼽을 수 있다. 유럽 바깥쪽 식민지는 잘 알려진 대로 아메리카 대륙과 인도 등이다. 이처럼 마녀사냥은 유럽 내를 벗어나 유럽 바깥의 식민지에서 그 악랄함과 잔혹함을 이어갔다.

식민지에서 자행된 마녀사냥

유럽 바깥의 식민지에서 마녀사냥이 자행된 이유는 여러 가지로 찾을 수 있다. 당시 유럽에서는 새로운 유토피아라 불리는 신대륙을 찾아 나서는 탐험가가 많았다. 새로운 부를 축적하겠다는 욕심으로 신대륙을 찾아 나선 사람이 대부분이지만, 그중에는 당시 마녀사냥 등으로 사회가 어수선해지자 언젠가 자신도 마녀 혐의를 받을지도 모른다는 불안감에 유럽을 떠나고자 하는 사람도 다수 있었다. 하지만 아이러니하게도 이들은 자신들이 도착한 신대륙에서 자국의 마녀사냥과 유사한 방법으로 마녀재판과 고문을 행하며 본토인들을 괴롭히는 가해자가 되었다. 유럽 내에서는 마녀사냥이 사라지고 있었지만, 식민지에서는 그리스도교의 이름으로 또 다른 마녀사냥을 시작한 것이다.

당시에 이들을 비판했던 성서 구절은 마태오복음 23장 15이다. "불행하여라. 너희 위선자 율법학자들과 바리사이들아! 너희가 개종자 한 사람을 얻으려고 바다와 뭍을 돌아다니다가 한 사람이 생기면, 너희보다 갑절이나 못된 지옥의 자식으로 만들어 버리기 때문이다." 당시 스페인을 떠나 신대륙으로 건너간 사람이 약 500만 명 정도에 이르는데, 이들 전부가 그런 것은 아니지만 식민지에서 그리스도교의 이름으로 악행을 저지르는 사람이 매우 많았다고 학자들은 말하고 있다.

16~17세기에 넘치는 힘을 자랑하던 스페인은 이 시기에 많은 식민지를 확보하여 자신들의 영토를 확장했다. 중앙아메리카, 남아메리카, 필리핀, 북아프리카, 지중해 등으로 식민지를 개척한 스페인은 15세기 초부터 자국에서 하던 마녀사냥을 식민지로 옮겨 그 악랄함을 이어 갔다. 자국에서도 그리스도교의 기본교리와 약간만 다르게 행동해도 마녀로 몰았는데, 자신들이 정복한 곳의 본토인들이 믿었던 전통종교에 대해서는 과연 어떤 생각을 했겠는가? 이들은 본토인의 전통종교는 철저하게 미신으로 규정했고 이를 믿는 본토인들을 '마귀 추종자^{Teufels Anhaenger}'라고 부르며 무시무시하게 탄압했다. 유럽인들이 아프리카인이나 아메리카 인디언을 무차별적으로 학살한 이유 중 하나가 여기에 있었다.

독일의 마녀사냥

1600년을 전후로 독일 프랑크푸르트 근교인 마인츠 교구에서 일어난 마녀사냥을 살펴보자. 도표를 좀 더 잘 이해하기 위해 당시 사회적인 상황에 대한 설명을 덧붙인다. 그때 독일에서는 큰 흉년이 들었는데, 1624년경에 시작된 흉년이 1629년까지 계속되었다. 또 1632~1636년은 자연재해에 시달렸다. 또한 30년 전쟁으로 인구가 감소했고, 경제적으로는 인플레이션에 시달렸다. 그 때문에 1626년과 1634년에는 곡물 값이 무려 100퍼센트나 치솟았다. 그리고 1570년과 1585년의 경우에는 1560년과 비교하여 곡물 값이 1000%나 올랐다. 한 마디로 물가가 너무 오르고 곡물 구하기가 어려워 사람들이 먹고살 수가 없었다.

이런 최악의 상황에서 일어난 마녀사냥과 그 희생자의 수가 참으로 어마어마하다. 독일 밤베르크^{Bamberg} 출신의 한 주교와 마귀전문가 프리드리히 푀르너^{Friedrich Foerner}의 저서에 기록된 마녀사냥의 희생자는 1616~1618년에 300명에 이르고 요한 게오르그 2세 ^{Johann Georg II} 주교가 재직했던 1626~1630년에는 약 600여 명에 이른다. 기근과 페스트가 만연했지만 마녀사냥을 멈추지 않았던 마인츠 교구의 희생자를 살펴보자.

* 표3) 독일 프랑크푸르트 근교인 마인츠 교구에서 자행된
마녀사냥 희생자의 통계도표

당시 재판을 진행한 주교	재직기간	참수 당한 자들
볼프강 주교 Wolfgang von Dalberg	1582~1601	약 100명
요한 아담 주교 Johann Adam von Bicken	1601~1604	약 650명
요한 슈바이카르트 주교 Johann schweikard von Kronberg	1604~1626	361명
게오르그 프리드리히 주교 Georg Friedrich von Greiffenklau	1626~1629	768명
안셀름 카시미르 주교 Anselm Casimir Wambolt von Umstadt	1629~1647	약 100명
합		약 1979명

(출처 : 볼프강 베링거 교수의 저서에서)

* 표4) 독일의 각 주에서 희생된 마녀사냥 희생자의 통계도표

각 주별	마녀로 화형당한 자들(약)
바덴 뷔르템베르크 주Baden-Württemberg	3500명
북 바이에른Nordbayern	4500명
남 바이에른Suedbayern	1500명
헤센 주Hessen	2000명
자를란트 주Saarland	500명
라인란트 팔츠 주Rheinland-Pfalz	2000명
노르트라인 베스트팔렌 주Nordrhein-Westfalen	4000명
슐레스비히 홀슈타인 주Schleswig-Holstein	500명

니더작센/브레멘Niedersachsen mit Bremen	1500명
메클렌부르크 포어포메른 주Mecklenburg-Vorpommern	1000명
브란덴부르크 주Brandenburg / 베를린Berlin	500명
작센 자유주Freistaat Sachsen 작센안할트 주Sachsen-Anhalt 튀링겐 자유주Freistaat Thüringen	1000명
합	2만 2500명

(출처 : 볼프강 베링거 교수의 저서에서)

　　마녀사냥으로 희생된 사람의 수는 학자마다 의견이 아직도 분분하다. 전 유럽과 그리스도교가 등장했던 식민지까지 합쳐서 계산하면 수백만 명의 사람이 마녀사냥으로 희생당한 것으로 보는 학자들도 있는 반면, 이런 숫자를 터무니 없다고 주장하는 학자들도 있다. 이 책에서 언급한 볼프강 베링거 교수는 유럽에서만 약 10만 명 이상의 사람이 마녀로 몰려 희생되었고, 그 중 독일어를 쓰는 나라, 즉 독일과 오스트리아, 스위스 등에서는 약 6만 명 정도 희생되었다고 추산한다. 이처럼 다양한 의견과 연구가 있음에도 정확한 희생자의 숫자는 알 수 없지만, 수많은 희생자가 있었던 것만은 분명하다. 볼프강 베링거 교수는 '홀로코스트Holocaust'라는 단어가 이미 16세기에 마녀사냥과 관계되어 사용되었을 것으로 보고 있다. 일반적으로 알려진 것처럼 이 단어가 독일 나치만의 전유물이 아니라는 뜻이다. 이탈리아의 법률가 안드레아(Andrea Alciati, 1492~1550)가 16세기에 이미 홀로코스트라는 말을 사용했다는 것이 그의 주장이다.

법정재판의
진행 과정

재판정에서 오고간 문답들

사학자 볼프의 저서에는 마녀로 몰려 재판에 넘겨진 사람들의 재판 과정과 그 모습도 실려 있다. 특이한 점은 질문과 대답이 3인칭으로 되어 있다는 점인데, 생생함을 살리고자 이 책에서는 3인칭 그대로 옮겨보았다.

"그녀는 마녀인가 아닌가?" "그녀는 마녀인 듯합니다."

"어떻게 그녀가 마녀가 되었고, 또 마녀로서 무엇을 하였는가?" "2년 반 전에 안나Anna Aichlerin라는 여자가 그곳으로 이끌었습니다."

"그녀는 마법 가루와 연고를 마귀에게 받아쓴 적이 있는가 없는가?" "그녀는 마귀에게 마법 가루를 받긴 했으나, 그 시기는 훨씬 뒤라고 합니다."

"그 가루로 누구에게 어떤 피해를 주었는가?" "그녀는 이 가루에 후춧가루를 섞어 안드레아스 부르크Anderas Burk의 부인에게 주었습니다. 그 부인이 이 후춧가루를 국에 넣었는데, 그것을 먹고 매우 심한 기침을 하였습니다. 또한 그녀는 이 후춧가루를 부루켄 가이슬레Burken Gaisle라는 사람에게도 주었는데, 그는 이걸 먹자 즉시 몸이 마비되더니 쓰러져 죽었습니다."

"언제 마귀가 그녀에게 처음 들어온 것인가?" "미카엘리Michaeli라는 마귀가 그녀에게 온 것은 8년 전입니다."

"그 마귀는 어떤 옷을 입었는가? 그가 밤이나 낮이나 그녀와 함께 있었는가?" "그 마귀는 검은색 옷을 입었으며, 오후 3~4시 사이에 나타났답니다. 그녀가 안나를 방문했을 때 마귀가 식탁에 함께 앉아 있었습니다."

"마귀는 그녀와 어떤 일을 행했으며, 그녀들이(안나와 지금 심문받는 여자) 무엇을 하기를 바랐는가?" "이들은 함께 차를 마셨고, 두 마귀는 점잖은 사람처럼 식탁에 앉아 있었습니다. 그들은 그녀들에게 돈을 주고 문제가 있으면 함께 해결해 주겠다고 약속했습니다. 그래서 그녀는 그 마귀의 추종자가 되어 섬기기로 했습니다."

"그녀는 그리스도교의 신과 모든 성인을 부정했는가?" "네, 신과 모든 성인을 부정했습니다."

"그녀는 우박과 폭풍우를 만드는 일에 가담했는가?" "그렇다고 인정했습니다."

"그녀는 마귀에게서 빠져나올 생각을 한번 정도는 하지 않았는가?" "누구도 마귀에게서 빠져나올 수가 없습니다. 마귀는 그녀가 고해성사를 보는 것도 저지했습니다."

"그녀는 공기를 타고 날 수 있는가? 만약 날 수 있다면 어떤 도구를 사용했는가?" "그녀는 하늘을 아홉 번이나 날았는데, 언제나 마귀가 그녀를 데리러 와서 함께 작대기를 타고 날았습니다."

"마귀들의 모임에 갔을 때 그녀는 무엇을 하였는가?" "그곳에는 춤추는 사람도 있었지만, 춤추지 않는 사람도 있었습니다. 그녀는 춤을 추지 않고 다만 이리저리 둘러보면서 앉아 있었습니다."

"그녀가 아는 사람도 있었는가?" "100명의 사람이 참석했는데 모두 변장을 하고 있었습니다. 막달레나Magdalena Sautterin와 안나는 이미 아홉 차례 본적이 있었기에 변장을 했어도 이들의 행동과 옷을 보고 알아차릴 수 있었습니다."

"마귀에게 맞은 적이 있는가? 맞았다면 어떤 이유로 맞았는가?" "시키는 대로 하지 않을 때마다 마귀에게 맞았는데, 그 횟수가 100번 정도 됩니다."

(출처 : 사학자 볼프의 저서에서)

법정재판이라고 하기에는 특별한 내용도 없고 진술도 매우 빈약하다. 하지만 이들은 이런 질문지를 만들어 두고 여기에 맞춰 혐의자를 심문했고, 각 질문 사이에는 항상 고문기구가 옆에서 기다리고 있었다. 만약 혐의자가 "아니오"라고 대답하면 무시무시한 고문이 가해졌다. 고문을 견디지 못한 혐의자가 어쩔 수 없이 "그렇소"라고 대답하면 그 뒤는 앞에서 수차례 말한 그 이야기, 자백을 했으니 마녀로 찍혀 화형당하는 과정이 반복되었다. 다음은 또 다른 질문의 양식이다.

"이름은 무엇이고 어디 출신이며 생년월일은 언제인가?"
"부모는 누구인가?"

"왜 소란을 일으켰는가?"

"왜 마귀에 빠진 것인가? 하느님과 성인들, 거룩한 성사를 모두 부인하였는가?"

"어떤 신성 모독죄를 저질렀는가?"

"마술을 부렸는가?"

"마귀의 힘을 빌려 병을 고쳤는가?"

"연고와 마법도구를 숨겼는가? 그렇다면 누가 이런 연고를 주었으며, 이 연고로 어떤 일을 벌였는가?"

"얼마나 자주 하늘을 날았는가? 누구와 함께 하늘을 날았는가? 이 짓을 함께 모의한 사람의 이름을 대라!"

"지하로도 들어갔는가? 누구와 함께 들어갔는가?"

"동물로 변장하여 사람들을 놀라게 한 적이 있는가? 그랬다면 어떤 동물로 변장했으며 언제 어디서 그런 짓을 했는가?"

"폭우, 비, 천둥, 번개, 우박을 만든 적이 있는가?"

"어떻게 마귀와 성교를 하였는가? 이 때문에 부부 사이에 문제는 없었는가?"

"독극물을 만들었는가?"

"마귀의 말과 축복을 사람들에게 전한 적이 있는가?"

"언제 하늘을 날았으며 어느 장소에서 비밀 집회를 열었는가? 이 집회를 이끈 자는 누구이며 몇 명이 참석했는가? 거기서 어떤 사항을 결정하고 행동했는가?"

(출처 : 사학자 볼프의 저서에서)

마녀 행위를 금지하는 법령을 내리다

마녀사냥이 극에 달하자 마녀 행위를 금지하는 법령까지 발표된다. 바이에른의 공작이자 선제후인 막시밀리안 1세(Maximilian I, 1573~1651)가 1611년 2월 12일에 내린 법령은 다음과 같다.

* 신자들이여! 성 금요일 날 교회 제대 앞에 둔 십자가에 계란이나 기름진 것을 바르지 마시오.
* 신자들이여! 성화를 앞세우고 북치고 나팔 불면서 이리저리 돌아다니지 마시오.
* 신자들이여! 가톨릭교회에서 하는 축성 외의 다른 것은 모두 위배되오니 무조건 금지하시오.
* 신자들이여! 마귀를 물리칠 때에는 꼭 가톨릭에서 사용하는 방편들만 사용하시오.
* 신자들이여! 그리스도 대축일 때에 옷을 입힌 성화나 불을 붙인 성화들을 교회 앞으로 내던지지 마시오.
* 신자들이여! 독사나 쥐를 사용해 악마를 불러내지 마시오.
* 신자들이여! 천둥이나 번개 등 나쁜 날씨를 몰아낼 때나, 혹은 어떤 일을 축성할 때에는 반드시 교회에서 허락된 방편만을 사용하시오.
* 신자들이여! 마법을 걸기 위해 납 인형 등을 사용하지 마시오.
* 신자들이여! 문지방에 별 모양을 붙이거나, 별 모양의 부호를 사용한 부적을 사용하지 마시오.
* 신자들이여! 여자들은 천으로 만든 헝겊을 목에 걸치지 마시오.
* 신자들이여! 가톨릭의 축일인 성 스테파노 기념일에는 말의 피를 뽑

지 마시오.

* 신자들이여! 특정 예식을 거친 후 어떤 특정 풀을 땅에서 파내는 것을 금지하시오.

미신과 미신 아닌 것의 불분명한 경계

미신과 미신이 아닌 것의 경계는 사실 불분명하다. 그리스도교적이지 않으면 전부 미신인가? 그리스도교에서 허락하지 않은 것은 무조건 미신으로 치부해야 하는가? 살아가면서 필요한 예식들과 전통적으로 내려온 관습들을 모두 미신으로 치부한다면 인간의 삶 자체를 부정하는 것이 아닐까?

우리나라에도 그리스도교가 전래되면서 우리의 전통문화 중 많은 부분이 미신으로 치부되었지만 그중 일부는 그리스도교 안에서 융합되어 사람들에게 전승되고 있다. 그 중 하나가 산 기도이다. 문화인류학자 조흥윤 박사에 의하면 그리스도 교인들이 산 기도를 다니는 것은 무당들이 산 기도를 다니는 것과 유사한 행위라고 한다. 즉 무가의 많은 요소가 미신으로 치부되어 사라지지 않고 그리스도교 안으로 들어가 그 명맥을 유지하고 있다는 증거인 셈이다.

이 점은 유럽에서도 마찬가지였다. 그리스도교라는 기준에 따라 선을 긋고 이렇게 저렇게 탄압하며 금지시켰지만, 게르만족이나 켈트족에게 전승되어 온 예식들은 민중의 생활에 깊게 뿌리내리고 있었기 때문에 쉽게 없앨 수 없었다. 오히려 그리스도교와 접목하면서 새로운 형태를 만들었고, 결국은 그리스도교 안의 한

요소로 정착하여 지금까지 이어져 오는 것도 많다.

그 중 몇 가지를 언급해 본다. 섣달 그믐날 저녁에 소금과 불로 마귀를 쫓아내는 예식이나 부활절에 계란을 나누는 풍속 등은 지금도 그리스도교의 대표적인 축제로 전승되고 있지만, 사실은 게르만족의 풍습이 그리스도교화한 것들이다. 그리고 세월이 흐른 지금은 그리스도교와 이단의 경계가 더욱 불분명해졌다.

재미있는 사실이 하나 있다. 앞에서 언급한, 마녀 행위를 금지하는 법령 중 몇 가지는 우리나라의 조선시대에서도 발견할 수 있다는 점이다. 우리나라의 미신 중에도 상대방을 해하기 위하여 그 당사자를 상징하는 인형을 만든 뒤 죽으라는 저주를 퍼부으며 인형에 바늘을 꽂는 행위가 있는데, 이는 민중에서뿐만 아니라 궁궐에서도 사용되었다. 또한 해마다 새해가 되면 '입춘대길' 등을 적은 부적을 문지방 위나 대문 앞에 붙여두는 풍습은 오늘날에도 지키는 사람이 제법 많은 우리의 전통문화 중 하나이다.

어쩌면 이런 행위들은 인류의 보편적인 심성에서 자연스럽게 비롯되어 정착된 것일지도 모른다. 사람들의 입에서 입으로, 아버지에게서 아들로, 어머니에게서 딸로 이어지며 인간의 가슴 안에서 툭툭 튀어나오는 것들로 특히 선조들도 행했던 것이라면 후세인으로서는 한 번쯤 따라하고 싶은 생각이 들 수도 있다. 물론 가장 현실적인 이유는, 급한 마음에 어떤 방편이라도 잡고 싶은 사람들에게는 이것이 삼위일체 신인지 아닌지를 구분할 여력도 없고 그러고 싶은 마음도 없다는 것이 가장 클 것이다.

고문의
역사

유럽에서 자행된 고문의 역사

인간이 인간에게 저질렀던 가장 잔인하고 무자비한 행위인 고문은 인류의 역사만큼이나 오래되었다. 고대 그리스에서는 채찍이나 회초리를 사용하는 가장 기본적인 고문은 물론 식초를 코에붓거나 뜨겁게 달군 무거운 쇳덩이로 가슴을 누르거나 사람을 기둥에 묶는 등 다양한 방법으로 고문을 자행했다. 결혼을 파탄시킨 여자의 가슴을 절단했다는 기록도 남아 있다.

로마 시대에는 그리스의 고문 방법을 계승하는 동시에 한 단계더 나아가 더욱 정교하고 잔인하게 고문 방법이나 고문기구들을 개발하고 발전시켰다. 가장 참혹한 고문 중 하나는 사람을 굶주린 짐승의 우리에 가두어 죽이는 것이었다. 어떤 사람들은 아우구스투스(Augustus, BC63~ AD14) 황제의 명령으로 사지가 잘린 채 연못에 던져져 물고기의 먹잇감이 되기도 했다. 또한 노인성 질환을 앓는 사람이나 병이 들어 더는 일을 할 수 없는 사람 역시 연못에 던졌다는 기록이 있다. 콘스탄티누스 1세(Constantinus I, 274~337)가 330년 죄수들을 비참하고 잔인하게 학대하는 것을 금지하는 법안을 공포할 때까지 로마에서는 악랄한 고문이 계속되었다.

중세에 이르자 유럽은 성서와 신학자들이 만든 교리로 모든 것을 판단하는 그리스도교의 천국이 된다. 특히 게르만족의 전통종교와 싸우다 보니 그리스도교와 다른 행동을 보이는 사람은 철저하게 마녀로 몰아 배척하는 문화가 형성되었고, 이어 마녀사냥이 시작되면서 자연스럽게 고문이 다시 생겨나게 되었다.

불 시험

1장에서 잠시 언급했던, 소위 말하는 '신의 심판Gottesurteilung'에 대해 구체적으로 알아보자. 이 단어는 인간이 만들어 '신'이라는 말을 붙인 것일 뿐, 사실 신이 인간을 의심하고 심판하라고 말하거나 가르친 적은 없다. 신이 지금까지 인간에게 직접 나타난 적이 없기 때문이다. 그리스도교의 교리뿐만 아니라, 마녀인지 아닌지 구분하기 위해 마녀재판에서 행해지는 시험도 다 인간이 만들어낸 것들이다. 대체 그 교리와 시험은 다 무엇이란 말인가?

불 시험Feuerprobe은 이스라엘과 페르시아, 그리스와 로마 등에서 행해졌던 시험으로, 여러 가지 신의 시험 중 불타는 석탄 위를 걸어가는 시험이 가장 유명하다. 뜨거운 불길 위를 걸어가면 타 죽거나 피부에 화상을 입는 것은 당연한데, 신이 하늘에서 세상을 내려다보다 "아! 오늘 유럽 어느 나라에서 불 시험이 있구나! 내가 살펴보고 그 사람이 죄가 없으면 자비심을 가지고 꺼내주고, 죄가 있으면 그냥 죽게 둬야지!"라고 하지 않는 이상 사람이 불 속에서 어떻게 될지 그 결과는 상식적으로 짐작이 가능하다. 다시 한 번 인간의 잔혹함에 몸서리가 쳐진다.

이런 신의 시험이 반복되니 '학습의 동물' 인간은 지혜를 발휘하여 불 시험을 통과할 수 있는 방편을 생각해 내기 시작했다(이런 사실들을 본다면 인간은 신보다 전지전능하지는 않을지라도 지혜는 신을 능가하는 듯하다). 당시 중세의 기사였던 누군가가 생각해 낸 이 방법은 불에 들어가기 전에 온몸에 왁스칠을 하는 것이었다. 왁스가 뜨거움을 막아준다고 생각한 것이다.

이와 연관된 몇 가지 이야기가 전해 내려온다. 샤를마뉴(Karl der Grosse, Charlemagne, 742~814, 카를대제라고도 한다)의 부인인 리카르다Richarda가 한 주교와 금지된 사랑을 나누었다는 의심을 받았다. 그녀는 죄가 없음을 증명하기 위해 불 시험을 받지 않으면 안 되었다. 그녀는 불타는 석탄 위로 걸어 들어갔지만 전혀 다치지 않고 무사히 나옴으로써 혐의를 벗을 수 있었다. 신성로마제국의 하인리히 2세(Heinrich Ⅱ, 973~1024)의 부인 쿠니쿤데Kunigunde도 이런 신의 시험에서 살아남았다는 기록이 전해진다. 독일의 도나우에싱엔Donaueschingen이라는 도시에 전해 내려오는 기록물 중에는 안나Anna Henne라는 여자가 뜨겁게 달궈진 무거운 쇠를 들고 불구덩이에 들어갔는데도 다치지 않고 통과하여 마녀혐의를 벗었다는 기록이 있다. 앞에서 여러 번 언급한 책 『마녀망치』에도 1486년 불 시험에서 살아남은 사람이 있다는 자료가 남아 있다.

인간이 뜨거운 불 속에서도 다치지 않고 나올 수 있을까? 여기에 대해 많은 의문점이 생기는 것은 당연하다. 시험 전에 앞에서 언급한 왁스를 미리 온몸에 발랐을 수도 있고 아픔을 덜 느끼거나 덜 다치도록 하는 약초를 복용했을 수도 있다. 아니면 재판관에게 돈을 주고 적절하게 타협한 후 형식적으로 시험을 치르는 척했을 수도 있다. 17세기 독일의 유명한 의학자 엘리아스(Elias Rudolph Camerarius, 1641~1695)는 손이나 입술에 뜨겁게 달군 쇠를 대는 것이 별로 어려운 일은 아니라고 말한 바 있다. 이미 약초로 만든 연고나 여기에 준하는 그 무엇을 준비해서 사용한다면 얼마든지 손이나 입술에 달구어진 쇠를 댈 수 있다는 것이다. 그는 효력이 있는 약초로 알라우너^Alraun를 꼽았다. 이 약초는 만드라고라(mandragora, 『해리 포터』에 나오는 맨드레이크를 생각하면 될 것이다) 과의 유독식물인데, 뿌리의 모양이 사람의 모습과 비슷하다고 한다. 독일 헬름스테트^Helmstedt 지역에서는 뜨거운 것에 데여 화상을 입었을 때 유황^硫黃으로 만든 비누 등을 썼다는 기록이 남아 있다. 유황을 온몸에 바르거나 암모니아수나 양파와 혼합하여 사용해도 효력이 있다고 한다. 그 외에도 광석의 고운 가루나 알테아^Eibisch의 즙 그리고 사리풀^henbane 같은 약초도 사용했다.

어쨌든 분명한 사실은, 이 불 시험을 통과한 사람들이 신의 도움을 받지는 않았다는 것이다. 인간의 지혜로 시험에 통과할 수 있도록 미리 조처를 했음이 틀림없다. 하지만 당시는 죄가 없는 자에게는 신이 기적을 일으켜 보호해 준다고 믿던 시대이다. 정말 죄가 없는 사람은 신이 보호하므로 끓는 물에 손을 넣거나 달구어진 쇠를 만져도 다치지 않는다는 믿음을 가지고 있었다. 죄인으로 몰려 열에 아홉은 잔인하게 죽어갔지만, 정말 다치지 않는 사람은 즉시 교회로 가서 무릎을 꿇고 십자가에 키스하며 성수 뿌림을 받았다. 죄 사함을 받고 살아났다는 축복 의식의 일종이었다.

마녀를 판정하는 여러 가지 시험

그리스도교의 상징은 단연 십자가이다. 마녀재판에서 십자가 시험이 빠질 수 없다. 십자가 시험에는 두 가지 유형이 있다. 하나는 마녀 혐의자가 십자가 앞에서 두 팔을 벌리고 서는 것이다. 짧은 시간 동안이 아니라 특정 미사가 여러 차례 끝날 때까지 팔을 들고 서 있어야만 했다. 지금 교회에서 미사를 한 차례 올리는 데 걸리는 시간이 약 한 시간 정도인데, 중세에는 예식이 더 길었을 것이다. 특정 미사를 여러 차례 올린다면 상당히 긴 시간이 소요될 것이고 이때 혐의자가 견디지 못하고 미사가 끝나기 전에 팔을 내리면 여지없이 마녀로 몰릴 수밖에 없었다.

또 다른 방법은 마녀 혐의자를 교회에 데려가 덮개 속에 들어 있는 물건을 고르게 하는 것이다. 그 속에는 주사위 두 개가 들어 있는데 하나는 옳은 것이고 다른 하나는 나쁜 것이었다. 재수가 없어 나쁜 것을 고른다면 여지없이 마녀로 몰렸다. 참으로 우스운 논리지만, 중세 사람들은 이런 시험에도 신이 개입한다고 믿었다.

축성 받은 음식으로 하는 시험도 있었다. 마녀 혐의자에게 쉴 틈 없이 기도문을 외게 하다가 축성 받은 음식을 혐의자의 입에 순식간에 밀어 넣는 방법이다. 만약 혐의자가 이 음식을 즉시 삼키지 못한다면 그는 당장 마녀로 몰렸다. 사학자 볼프의 연구에 의하면 이 시험의 잔재가 지금도 유럽의 일상 언어에 남아 있다고 한다. 독일에서는 누군가가 자신의 잘못을 인정하지 않을 때에 "음식이 네 목에 걸려 있을 것이다"라고 악담을 하는 경우가 있는데, 이 말이 마녀재판 중 하나였던 축성 받은 음식 시험에서 파생한 말이라는 것이다.

성찬식으로 마녀를 판별하는 방법도 있었다. 예를 들어 물건을 도둑맞았는데 도저히 그 물건을 찾지도, 범인이 누구인지도 알 수 없을 때에는 공동의 성찬식을 열어 도둑이 스스로 잘못을 고백하게 하였다. 하지만 세월이 흐르고 인간의 지성이 발달하여 계몽주의 시대가 도래하자 이런 방법들로 마녀를 판단할 수 없다는 것을 인지하면서 점차 사라지게 되었다.

끓는 물에 손을 넣어 물건을 건지게 하는 물 시험은 1장에서 상세하게 설명한 바 있다. 그런데 어느 지방에서는 도둑이나 불법 화폐를 주조한 혐의자에게 이런 시험을 했다. 이런 시험을 하기 전에 사제는 "오 주여! 혐의자가 이 시험을 받을 때에 다치지 않게 해주소서!"라는 기도를 올렸다. 병 주고 약 주는 모습에 실소가 나오지만, 중세인들에게는 죄의 유무를 판단하는 '신의 심판'이었으니 한 치의 의심도 웃음도 없었을 것이다.

눈물로 마녀를 찾아내는 시험도 있다. 그리스도교에서는 눈물에 신의 진리가 담겨 있다고 믿었다. 이 시험의 핵심은, "마녀는 절대 눈물을 흘릴 수 없다"라는 전제에서 출발한다. 정말 뻔한 시험

'신의 심판'이라는 이름 아래
상대방을 합법적으로 죽일 수 있었던 결투

이지 않은가? 마녀로 의심되는 여자가 눈물을 펑펑 흘린다면 마
녀가 아니니 풀어주고, 반대로 눈물을 한 방울도 흘리지 않는 여
자라면 마녀로 몰려 재판에 넘겼으니 말이다.

그 외 신명재판의 일종으로 결투^{Zweikampf}가 있었다. 결투는 게르
만족의 풍속이었는데 이것이 중세로 넘어와 그리스도교 안에 뿌
리를 내린 것이다. 기사들이 넘치던 중세에는 이런 격투가 기사들
사이에서 신명재판으로 득세하였다. 이 싸움에서 이기는 자는 상
대방을 죽일 수 있고 두 사람이 격투하다 한 사람이 죽어도 그 정
당성이 인정되었다. 신이 개입한 신명재판이었기 때문이다. 이런
신명재판은 1328년에 만들어진 프라이징^{Das Rechtsbuch Ruprechts von}

Freising 법조문 127조에도 나타나 있다.

중세에는 살인사건의 범인을 잡을 수가 없을 때에도 일종의 신명재판을 열었다. 살인자가 피해자의 관에 접근하면 그 관에서 피가 흘러 나온다는 미신에서 유래한 것이다. 예를 들어 살인 혐의자의 손을 시체의 머리에 갖다 대었을 때 갑자기 시체에서 심한 변화(시체의 얼굴이 붉게 변하거나, 떨리거나, 피가 나거나)가 나타난다면 그 사람을 바로 범인으로 몰아 재판에 넘기는 식이었다. 이런 재판이 독일어권에서는 17세기까지 사용되었다.

율리우스Julius Mallavaca라는 남자의 부인이 임신 중에 살해당했는데, 신명재판에 그녀의 사례가 기록되어 있다. 그녀는 죽은 지 3일 후에 발견되었는데, 사인을 확인하기 위해 그녀의 몸을 해부하였다. 여행에서 돌아온 남편이 뒤늦게 이 사실을 알고 매우 슬퍼하면서 부인의 시체 곁으로 달려갔다. 그러자 갑자기 그녀의 코에서 피가 흘렀다. 사람들은 남편이 살인자라며 그를 재판에 넘겼다. 자신은 범인이 아니라며 그는 끝까지 부정했지만, 심한 고문을 받은 뒤 결국 사형을 당하고 말았다.

이 신명재판은 그 유형이 다양했기에 전해져 오는 이야기도 제법 많다. 다른 예도 살펴보자. 살인 혐의자가 머리에 두 손을 얹고 피해자인 시체 쪽으로 끌려갔을 때 시체가 피를 흘린다면 그는 당장 살인죄로 재판에 넘겨졌다. 1669년 독일 포메라니아Pomerania 출신의 사무엘Samuel Stryck이라는 사람이 자신의 아이를 살해한 혐의로 체포되었다. 그는 법정서류와 함께 오다르 프랑크푸르트Odar Frankfurt로 보내어졌다. 하지만 사람들은 아이의 어머니나 할머니가 진짜

'살인자가 피해자의 관에 접근하면 시체의 몸에서 피가 흐른다'는
미신에서 비롯된 신명재판의 한 종류

범인이라고 추측했고 그래서 이 두 사람을 아이의 관 앞으로 데리
고 갔다. 먼저 아이의 어머니가 기도를 하며 관을 만졌지만 아무
일도 일어나지 않았다. 같은 방식으로 아이의 할머니가 관을 만졌
는데 아이의 관에서 피가 흘렀다. 결국 아이의 할머니는 자신이
손주를 죽였음을 시인했고 아이의 아버지는 풀려났다. 진범인 아
이의 할머니가 자백한 것을 보면 이번에는 정말 신이 심판한 것이
라고 할 수 있을까? 그저 우연은 아니었을까?
　이번에는 스위스 루체른 출신인 한스Hans Spiess라는 사람의 이야
기이다. 그는 여자를 좋아하고 생활이 엉망인 방탕아였다. 1503
년 그는 부인을 침대에서 목 졸라 죽였는데 이 사건이 외부로 알

려지자 살인죄로 체포되어 재판에 넘겨졌다. 사학자들이 밝힌 바로는 그가 죽은 부인에게 손을 댄 순간 죽은 지 20일이나 지난 시체의 몸에서 피가 흘러나왔다고 한다. 영락없이 살인범으로 몰린 그는 수레바퀴에 묶여 돌려지는 형을 받아 죽었다.

억울하게 마녀로 몰려 죽임을 당했던 사람들이 불쌍한 것은 말할 것도 없지만, 마녀재판 끝에 마녀로 판정된 사람을 죽여야 하는 사람들 역시 할 짓은 아니었을 것 같다. 수십 명, 수백 명, 때로는 수천 명을 죽이는 직업이었을 텐데, 과연 이들의 정신이 온전했을지 걱정이 되면서도 궁금하다.

다양한
고문방법

중세의 고문기구

이 장에서는 사형집행인이 늘 손에 쥐고 일한 고문기구들과 고문했던 모습 등을 살펴본다. 마지막 부분에는 이들의 마녀사냥이 유럽을 벗어나 식민지로 넘어가 어떻게 계속 이어져 왔는지를 볼 수 있는 그림도 추가했으니 독자들은 마녀사냥에 대해 좀 더 생생하게 느낄 수 있을 것이다.

그전에 우선 중세에는 고문에 무슨 의미가 있었는지 살펴보자. 16세기에 살았던 재판관들은 말보다 몸을 더 믿었다고 한다. 즉 법정에서 하는 진술보다 고문을 통해 몸이 보이는 반응이 더 정확하고 진실하다고 믿은 것이다. 그래서 마녀재판과 관련된 법정 기록에는 몸의 반응을 살피는 대목이 자주 등장한다.

심문자가 혐의자를 심문하는 동안 가장 중요하게 생각한 것은 혐의자의 몸동작이었다. 심문자는 심문받는 사람의 눈을 똑바로 바라보며 그의 사소한 움직임 하나까지 진지하게 관찰하다가 재판 중에 심문받는 사람의 몸동작이 조금이라도 달라지면 즉시 "왜 그렇게 행동하느냐?"라는 질문을 던졌다. 예를 들어 그가 무언가를 참고 있는 것 같으면 "왜 참느냐?"고 물었고 답변을 주저하는 기색이 보이면 "왜 주저하느냐?"고 물었으며 심문자가 던진 질문에 혐의자가 진지하게 숙고를 하면 다시 "왜 그렇게 깊게 생각하느냐?"라는 질문을 던져 혐의자를 심리적으로 압박했다.

중세 사람들이 진리가 인간의 영혼이 아닌 인간의 몸에 존재한다고 믿은 이유는, 어차피 인간의 영혼은 눈으로 볼 수 없기 때문이다. 이처럼 모든 진실은 몸에서 우러나온다는 전제를 깔아 놓았기에 심문자들은 이런저런 고문을 통해 자신들이 듣기 원하는 진실을 들으려고 노력했던 것이다. 하지만 시간이 지날수록 몸과 진리에 대한 중세인의 철학적인 연관성은 점점 설 땅을 잃는다. 그 이유는 17세기 철학자 데카르트(Descartes, 1596~1650)가 "이성적인 사고는 마음의 영역이다. 몸은 감각기관의 지각이 있어야 그 존재를 인식할 수 있지만, 정신은 스스로 사고하여 그 존재를 인식하는 참된 영역이다"라고 주장했기 때문이다. 심문에 대한 그들의 타당한(?) 전제는 사라졌지만 그래도 고문은 더 악랄한 방법으로 계속 진행되었다.

그 외에도 인간의 악랄함과 잔인함이 극치에 달한 각종 잔혹한 고문 방법이 그림으로 전해지고 있다. 손을 뒤로 묶고 발에는 무거운 쇠를 채운 뒤 나무에 마치 옷을 걸어 놓듯이 3시간 정도 매달아 두었다가 결국에는 화형시키는 그림이 있는가 하면, 입에 쉴 틈 없이 몇 리터나 되는 물을 붓다가 나중에는 불에 태워 죽이는 그림도 남아 있다.

중세 사람들이 죄 없는 사람을 마녀로 몰아 죽인 이유는 오로지 종교 때문이다. 보이지도 들리지도 않는 한 신을 위한 충성 때문이다. 신을 지킨다는 것은 자신이 믿는 종교를 지킨다는 의미이다. 이들은 종교의 이름으로, 마녀를 살려두면 세상이 어지러워지고 인간이 다치니 세상을 평화롭게 하기 위해서 마녀를 죽여야 한다고 믿었다. 죄 없는 그리스도를 따르는 세상이야말로 진정한 유토피아라고 사람들에게 끊임없이 주장한 것이다.

그러나 생각해 보라! 존재하지도 않는 마녀가 있다는 거짓말로 사람을 죽이는 이런 비윤리적인 행위야말로 마귀의 짓이 아닐까? 필자가 이 책을 쓰기 위해 공부했던 인류의 고문 역사가 담긴 책에는 인간이 저질렀다고 상상하기 어려운 고문에 대한 내용이 자그마치 200쪽에 달하지만, 여기서는 이 정도만 언급하고 넘어가겠다.

마녀재판이 열리는 법정에서 고문관이 혐의자의 목에서
마녀점(중세인들은 목에 점이 있으면 마녀라고 생각하였다)을 찾고 있다

재판정의 풍경, 한쪽에서는 마녀 혐의자의 눈을 가린 후 사지를 비트는
무시무시한 고문이 이루어지고 있고, 한쪽에서는 사제와 재판관들이
혐의자의 죄가 얼마나 큰지를 논의하고 있다

『로빈슨크루소』를 저술한 영국의 저널리스트 겸 소설가
대니얼 디포Daniel Defoe는 1704년 당국의 노여움을 사서
필로리(Pillory, 죄수의 몸을 기둥 등에 묶어 고정한 채 길거리나 광장 등에 세워
대중에게 모욕을 당하도록 하는 처벌의 일종) 형을 선고받았는데,
대중은 오히려 당국의 정책에 반대한 그에게 꽃을 바치며 그를 지지하였다

힘이 세고 드센 마녀 혐의자를 체포할 때 사용한 얼굴 수갑,
입 쪽에 가시가 있어 착용하는 것만으로도 매우 고통스러웠을 것이다

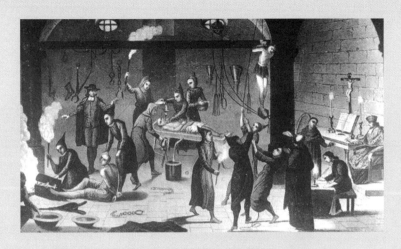

한 장소에서 다양한 고문 방법으로 얼마나 많은 사람을 심문할 수 있는지를
잘 보여주는 중세 스페인의 종교재판 풍경

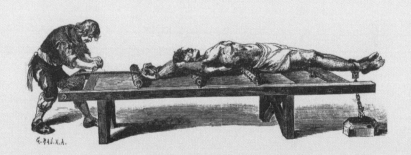

사람을 고문대에 눕혀 발은 무거운 추로 고정하고
손목에 묶은 줄은 점점 짧게 잡아당겨 사지를 억지로 늘리는 고문 방법

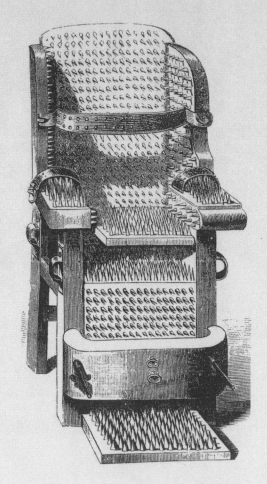

겔른하우젠의 마녀 성에도 전시된 고문기구 중 하나인 철 의자

1571년 신교에서 가톨릭으로 개종한 성녀 마르가리타를 고문하는 그림.
그녀는 360~410킬로그램이나 되는 쇳덩이를 몸에 얹은 뒤
온몸을 눌러 으스러뜨리는 형을 선고받았다

마녀 혐의자를 심문했던 방법 중 하나로,
혐의자를 발가벗긴 후 온몸에 가시를 두른 채 바닥에서 굴려
자백을 강요하고 있다

왼쪽 여자는 발이 잘리기 직전이고
오른쪽 여자는 손이 잘리기 직전이다,
이런 고문에 자백을 하지 않고 버티기는 쉽지 않았을 것이다

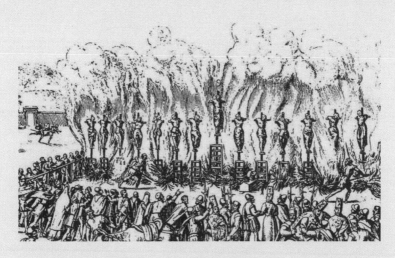

마녀로 몰린 사람을 광장에 모아
한꺼번에 화형에 처하고 있다

물 시험의 하나로 펄펄 끓는 물을 준비해 두고 죄인에게 그 속에 손을 담그게 한 뒤
바닥에 가라앉은 동전이나 반지를 건져내라고 하고 있다

마녀 혐의자를 화형에 처하는 모습.
중세 네덜란드 암스테르담에서 있었던 일로 온몸이 사다리에 묶여
불 속에 던져지는 순간까지 기도하는 그녀의 모습이 처연하다

그리스 로마 시대에 노예에게 동물처럼 낙인을 해두었던 관습은 중세까지 이어졌다.
신성 모독을 저질렀을 때에는 B(Blasphemie, 신성모독),
도망치다 잡힌 노예의 눈썹 위에는 F, 집시처럼 방랑하는 자들에게는 R 혹은 V, 도둑은 T,
살인자는 M, 위증죄는 P, 추문을 일으킨 자는 SL이라는 낙인을 새겼다

한쪽에서는 사람을 태워 죽이고,
다른 한쪽에서는 사람을 뜨거운 물에 넣어 삶아 죽이고 있다

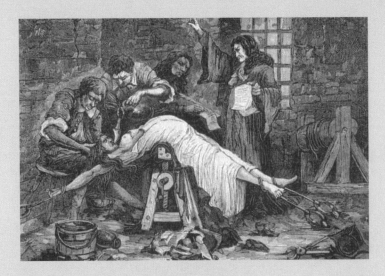

고문관이 마녀 혐의자의 입속에 깔때기를 대고
물을 붓는 물고문을 하고 있다

마녀로 의심받은 사람을 시험하기 위해
온몸을 움직이지 못하게 묶은 후 물속에 던지고 있다

노르웨이에서 행해졌던 고문의 한 종류로 마녀 혐의자의 자백을 받기 위해
얼음처럼 차가운 물을 옷 위로 붓고 있다

굶주린 뱀장어가 가득한 연못에 사람을 산 채로 던지고 있다

사람이 움직일 수 없도록 묶은 후 벌집 근처로 올려
벌에 쏘여 죽게 만드는 형벌이다

움직일 수 없도록 고문대에 묶은 후 죽을 때까지 때리는 형벌이다

사람의 모습과 유사한 쇠틀을 만들어 마녀 혐의자를 가두기도 했다,
이 기구는 주로 귀족 및 신분이 높은 사람이나 사제들을 처형할 때 사용하였다

유럽인들은 식민지에서 본토인들이 믿는 전통종교를 마귀로 간주하고
그리스도교를 믿으라며 유럽 대륙에서 행하던 고문을 이들에게 행하였다

등에 사람을 묶은 사슴이 무거운 무게와 냄새에 놀라서 깊은 산 속으로 달려가고 있다.
그다음은 말하지 않아도 그 참혹함을 짐작할 수 있을 것이다

사형집행인의
일기

헹커라고 불린 사형집행인

사형 집행을 담당하는 사람을 독일에서는 헹커^{Henker}라고 칭한
다. 중세에도 지금처럼 강도, 사기, 폭행, 강간, 방화, 유괴, 살인 등
의 잘못을 저지르는 범죄자가 많았다. 이들 역시 잡히면 재판에
넘겨지고 범죄의 경중에 따라 처벌의 수위가 결정되었다. 이중 최
고형인 사형을 선고받으면 사형집행인에 의해 처형을 당했지만,
마녀재판에 넘겨져 사형 선고를 받은 사람은 이들보다 몇 배나 잔
인하게 처형당했다. 하지만 엄밀히 따지자면 사형집행인은 상부
의 명령으로 사형을 집행하는 사람일 뿐이다. 자기 생각과는 상관
없이 그 일을 행하지 않으면 안 되었을 것이다.

사학자 볼프의 책에는 잔인한 사형 방법이 그 수를 세기 어려울
정도로 많았다고 기록되어 있다. 마녀로 몰린 여자에게 젖먹이가

있으면 그 아이도 함께 불에 태워 죽이고 사람을 그대로 생매장하였으며 굶주린 짐승 옆에 매어 두기도 하고 벽을 뚫어 그곳에 가둔 후 그대로 막아 버리는 등 그 방법이 매우 잔인하였다. 그 외에도 목을 졸라 죽이거나, 목을 쳐 죽이거나, 십자가에 못 박아 죽이거나, 불에 태워 죽이거나, 말에 사람을 달아 끌어당겨 사지를 찢어 죽이거나, 코와 귀를 자르거나, 눈을 찔러 앞을 볼 수 없게 만들거나 손을 자르고 혀를 뽑아내는 등 수없이 무시무시한 방법이 자행되었다.

중세시대를 배경으로 한 영화에서 어두컴컴하고 지저분한 감옥에서 한 자루의 촛불에 의지해 덩그러니 앉아 있는 사람의 모습을 한 번쯤은 본 적이 있을 것이다. 아마 이렇게 죽어간 사람들이 감옥에 갇혀 판결을 기다리고 있는 모습일 것이다. 이처럼 감옥에 잡혀 온 사람이 넘쳐나자 1545년 스위스 제네바의 한 옥졸은 감방에 사람이 넘쳐 더는 가둘 공간이 부족하다는 보고서를 상부에 제출했다. 같은 해 2월 17일부터 3월 15일까지 감옥에 있던 사람 중 31명을 참수시키거나 불에 태우고 갈고리에 걸어 교살시켰음에도 가둘 공간이 부족했다는 것이다.

신분은 낮았지만 많은 돈을 번 사람들

일이 많다는 것은 그만큼 돈을 잘 버는 직업이라는 뜻이다. 중세시대에는 사형당하는 사람이 많았기에 사형집행인은 많은 돈을 벌 수 있었다. 사학자 볼프의 기록에 의하면 중세의 사형집행인 중 하나였던 보브링^{Bobling}은 관청으로부터 많은 보수는 물론 집과 조수까지 받았다고 한다. 만약 사형집행인이 가족과 휴가라도 간다면 경비로 식비와 여비는 물론 노잣돈까지 따로 챙겨 주었다. 그 결과 최하층민인 이들은 많은 돈을 벌었으며, 자신의 사회적 신분을 망각한 채 분수에 넘치는 사치와 향락을 일삼았다는 기록도 남아 있다.

사형집행인의 부인 중 귀족 흉내를 내면서 값비싼 옷을 입고 다니는 사람이 늘어나자 사람들이 코웃음을 쳤지만 이들은 아랑곳하지 않고 자신의 부를 과시했다. 사형집행인들 역시 금과 은으로 치장된 옷을 입고 말을 타고 시종을 데리고 거리를 누비면서 귀족 흉내를 냈다. 독일 트리어 출신의 사형집행인 요르그Joerg는 자신이 마치 귀족이나 된 듯이 부인과 함께 두 마리의 말을 타고 도시 이곳저곳을 다녔다는 기록이 남아 있다.

하지만 제아무리 돈을 많이 벌어도 사형집행인의 신분은 당시 유럽에서 천민 중의 천민인 최하층민이었다. 즉 식당에도 마음대로 출입하지 못했던 신분이었다는 뜻이다. 사형집행인이 비단으로 만든 옷을 입고 귀족 흉내를 냈다는 앞의 기록은 필자가 보기에는 다소 의아하다. 이들은 식당에 들어가기 전에 자신이 사형집행인이라는 신고를 해야 했고 일반인과 함께 앉지 못하고 따로 구석진 곳에 앉아 밥을 먹어야 했던 최하층민이었기 때문이다. 아마도 사학자 볼프가 기록한 사례는 특수한 경우였던 것 같다.

그런데 아래에 소개한 하르트만Hartmann이라는 사형집행인도 기록을 보니 예외 중 하나였던 모양이다. 주교와 귀족의 직속 사형집행인이었던 그는 천민이었지만 귀족과 주교의 후광 아래 자신

역시 높은 신분이라도 되는 양 앞뒤 구별하지 못하고 으스대며 다녔기 때문이다. 1494년, 독일 밀텐베르크Miltenberg 출신의 사형집행인인 하르트만은 피르네부르크Virneburg라는 도시에서 귀족과 대주교의 사형집행인으로 일하고 있었다. 여기서 잠시 눈여겨볼 점은 대주교도 개인 사형집행인을 두었다는 것이다. 인간을 사랑하고 영혼을 구제해야 할 종교인이 있지도 않은 마녀를 사냥하기 위해 자신의 직속 사형집행인까지 두었다는 사실이 놀랍다. 어쨌든 이 하르트만이 프랑크푸르트 법정으로부터 책망을 받은 적이 있었는데, 독일 서부에 있는 마을 보름스Worms에서 일하는 그의 동료 벤델Wendel에게 살인자라고 말했기 때문이다. 이 문제로 이들이 법정에 불려 왔을 때 했던 진술에는 그들의 직업에 관한 자료뿐만 아니라 당시 마녀사냥에 관한 생생한 진술도 함께 들어 있다. 그 내용 중 일부를 옮겨본다.

"마녀로 의심되는 사람이 잡혀 오면 삼위일체(성부 성자 성령)의 이름으로 팔과 다리를 묶어 감옥으로 가는 수레에 태웁니다. 그리고 눈을 천으로 둘둘 감고 입에는 장작을 물립니다. 감옥에 도착하면 눈에 감은 천을 풀고 입에 문 장작을 뺀 뒤 옷과 머릿수건을 벗긴 후 온 몸의 털을 모두 밀어버립니다. 손톱과 발톱도 아주 짧게 깎습니다. 그 후 사제가 축성을 한 옷으로 갈아입힙니다. 이들이 마실 물은 성수와 소금으로 만든 축성 받은 물인데 만약 혐의자가 진짜 마녀라면 성수를 절대 마시지 않지요. 이들에게 제공되는 음식 또한 축성 받은 성수로 만든 것입니다."

후세인들은 이 두 사형집행인이 싸운 덕을 톡톡히 보고 있다. 이들이 법정에서 진술한 내용에 포함된 마녀사냥에 관한 이야기가 현재 마녀사냥 연구에 귀중한 자료로 전해지고 있기 때문이다.

마이스터 칭호를 받은 사형집행인의 일기

이번에는 사형집행인으로 일했던 한 남자의 일기「A Hangman's Diary」를 살펴보자. 이 책을 통해 우리는 당시 사회상과 사형집행인의 고뇌를 엿볼 수 있다. 독일어권에서는 어떤 한 분야의 대가에게 명예스러운 칭호로 '마이스터'를 붙여준다. 이 일기의 주인공인 프란츠(Franz Schmidt, 1555~1635)도 사람 목을 '한 방'에 잘 쳤던 대가였기에 이름 앞에 '마이스터'가 붙었다. 동료들이 두세 번의 시도 끝에 임무를 완수한다면 그는 늘 '한 방'으로 임무를 완수하였다. 사실 '한 방'에 목을 자르지 못하면 또 다른 잔인한 일이 벌어질 수 있었다. 당시 사형 집행은 공개 장소에서 진행되었기에 누구나 구경할 수 있었다. 이때 사형집행인이 사형당하는 자의 목을 한 번에 치지 못하고 어깨나 등을 친다면 그의 앞날이 매우 암담할 수밖에 없었다. 흥분한 군중에게 몰매를 맞을 수도 있었기 때문이다. 한 예로 독일의 클라우스탈-젤러펠트Clausthal-Zellerfeld라는 도시에서는 한 사형집행인이 죄인의 목을 '한 방'에 치지 못하고 다섯 번이나 내려친 끝에 겨우 임무를 완수했다고 한다. 그 모습에 분노한 군중이 그 자리에서 사형집행인의 몸을 조각조각 찢어 죽여 버렸다는 안타깝고도 무서운 기록이 남아 있다.

하지만 프란츠는 사형집행인으로 일하기 시작했을 때부터 단칼에 목을 벨 정도로 놀라운 자질을 보였다. 1578년부터 이 일을 시작한 그는 다른 유형의 사형 집행에도 두각을 나타냈다. 칼이든 밧줄이든 도구를 써서 죽이는 것은 모두 잘했고 불에 태워 죽이는 것도 능숙했을 뿐만 아니라 바퀴에 돌려 죽이는 것까지 잘한 만능 사형집행인이었다. 심지어 고문까지 잘했다고 한다. 잔인함에 저절로 눈살이 찌푸려지는 그의 이런 재주를 정말로 '마이스터'답다고 칭송해야 하는지 의문이 들지만, 당시 시대적 상황에서 어쩔 수 없이 해야 했던 한 직업인의 이야기로만 생각하기로 하자.

사실 그에게 '마이스터'라는 호칭을 붙여야 하는 이유는 따로 있다. 바로 그가 자신이 했던 일을 일기로 기록하여 후세에 남겼다는 점이다. 그가 쓴 일기는 중세 유럽사에서 사형집행인이 쓴 단 한 권의 기록이자 당시 시대적인 상황을 알려주는 귀중한 사료로 평가받는다. 중세 사회 곳곳에서 얼마나 무시무시한 일들이 일어났는지 알 수 있을 뿐만 아니라, 이런 일이 일어날 때마다 관청에서 사람들을 어떻게 잡으러 다녔는지를 잘 보여주는 자료로 손꼽힌다.

사형집행인 프란츠는 40년간 뉘른베르크에서 근무했다. 일기의 첫 문장은 단순하다. "나는 1578년, 이 일을 하기 위해 뉘른베르크로 왔다." 이 일기에는 그의 일에 대한 이야기만 있을 뿐, 개인적인 일상이나 가족에 대한 언급은 거의 없다. 그가 1579년 마리아Maria Beck와 결혼하여 4명의 아들과 3명의 딸을 두었으며 술을 마시지 않아 때때로 동료들의 눈총을 받았다는 것이 사적인 이야기의 전부이다.

'마이스터 사형집행인'으로서 그는 얼마를 벌었을까?『뉘른베르크 연대기Nürnberg Chronicle』에 그가 받았던 월급이 기록되어 있는데, 그는 일주일에 2.5플로린(Florin, 옛 화폐단위)을 받았다고 한다. 당시 유명 화가 게오르그 글루퀜돈Georg Glockendon이 15주를 일하고 관청에서 14플로린을 받았던 것과 비교하면 비록 그가 천민 직업군에 속했을지라도 상당한 수입을 올렸고, 시에서 집까지 받아 제법 부유하게 살았음을 알 수 있다.

하지만 그만큼 하는 일도 많았다. 주 업무인 사형집행 외에도 거리의 떠돌이 개들을 죽이는 일, 공중화장실의 오물을 치우는 일, 나병 환자들을 성 밖으로 쫓아내는 일, 관청의 종들을 감독하는 일 등도 그의 몫이었다. 요즘 표현으로 3D에 속하는 저급한 일은 다 했다고 봐도 무방하다. 그때나 지금이나 '저급'은 상당히 모욕적인 의미이다. 당시 민중은 이런 직업을 가진 사람들과 부딪치기만 해도 전염병이 옮는다고 여길 정도로 혐오하고 꺼렸다. 워낙 하는 일이 많다 보니 사람들을 비켜갈 수는 없었지만, 멀리서 프란츠가 오는 모습이 보이면 사람들이 먼저 흩어지기 바빴다고 한다. 또한 도시에서 다른 민중과 어울려 산다는 것은 상상할 수 없는 일이었기에 최대한 사람들의 눈에 띄지 않는 성 밖 외곽에서 대부분 살았다. 프란츠 역시 성 밖의 넝마 시장 부근에 살았다.

이런 직업군이 사회에서 어느 정도 푸대접을 받았는지 몇 가지 예를 통해 살펴보자. 1546년 스위스 바젤에서 한 수공업자가 스스로 목숨을 끊었다. 술에 취해 길을 가던 그가 한 사형집행인과 부딪친 것이 자살의 이유였다. 1590년의 독일 오펜하임에서는 한 목수가 실수로 사형집행인의 칼을 만졌다. 그는 자신에 대한 혐오감을 견디다 못해 결국 목수를 포기하고 스스로 사형집행인이 되었다.

앞에서도 잠깐 언급했지만 다양한 방법으로 사형을 집행했던 프란츠가 꼽은, 사람이 가장 고통스럽게 죽는 사형 방법은 무엇일까? 그의 일기에는 수레바퀴에 돌려져서 죽는 방법이 가장 고통스럽다고 기록되어 있다. 대개 살인을 저지르거나 거리나 교회에서 도둑질한 자들이 이런 방법으로 사형을 당했다. 운이 좋아(?) 윗분으로부터 은혜를 받으면 조금 덜 고통스러운 방법, 즉 먼저 참수를 당한 후 죽은 몸으로 수레바퀴에 돌려지는 형을 받았다. "수레에 돌려지는 동안 목은 수레바퀴의 말뚝에다 박아둔다"고 프란츠는 기록했다. 그는 이런 사형 집행을 두 번 하였는데, 한번은 동성연애자였고 다른 한번은 위조지폐를 만든 사람이었다. 그가 가장 많이 했던 사형집행은 죄인을 물에 빠뜨려 죽이는 방법이었다.

프란츠는 가벼운 형벌도 더러 집행했는데, 말이 가볍지 사실은 전혀 가볍지 않은 형벌이었다. 목숨만 살려놓을 뿐 평생 죄인으로 살도록 낙인을 찍는 것이다. 먼저 길거리에서 죄인에게 매를 때리면서 끌고 다니는 방법이 있었다. 사람들에게 나와 구경하라는 뜻이었다. 또 귀를 자른다든지 손가락 혹은 손목을 자르기도 했고, 눈을 찔러 앞을 보지 못하게 만들거나 죽을 만큼 때리기도 하였다. 이 정도만으로도 중세사회에서는 매장된 것과 다름없었다. 죗값을 치르는 동안 사형집행인과 접촉을 했기 때문에 평생 오욕을 안고 살아가야만 한다는 것이 그 이유였다. 목숨은 건졌지만, 오히려 죽은 것보다 더 못한 상태로 남은 삶을 살아가야 하는, 그야 말로 비참한 삶이었다.

프란츠의 일기가 학술적으로도 중요한 자료로 인정받는 이유 는, 그가 자신의 손으로 사형시킨 사람들에 대한 기록을 날짜, 장 소, 죽인 방법, 이름, 신분까지 아주 상세하게 남겼기 때문이다. 몇 대목만 살펴보자.

* 1587년 10월 17일, 뉘른베르크의 통장 크리스토프 슈미트는 도둑질 을 자주 했다. 그는 이미 도둑질한 것이 발각되어 밖으로 다니는 것이 금지 되어 있었는데 또 도둑질하다 걸린 것이다. 그는 허름한 차림으로 목욕탕 에 들어가서 나올 때에는 다른 이의 비싼 옷을 슬쩍 바꿔서 입고 나오는 등 의 방법으로 수없이 도둑질을 하다가 결국은 교수형을 당했다.

* 1595년 11월 6일, 한스 지거트르의 목을 잘랐다. 농사꾼의 종이었던 그는 재단사를 찔러 죽인 죄로 처형당했다. 이 죄수는 사형장으로 끌려가 면서 엄청나게 울어댔다. 무릎을 꿇은 채 목이 달아날 때까지 울음을 그치 지 않았다.

* 1600년 1월 22일, 죽은 사람은 파이트 빌레트라이다. 그는 사람들의 눈을 철저하게 속이고 가짜 물건을 팔다가 잡혔다. 이 사람은 다른 지방에 서 사기를 치다가 두 귀가 잘린 적이 있는데 뉘른베르크에서도 똑같은 일 을 반복하다가 결국 처형되었다.

* 1601년 10월 13일, 린하르트는 도둑질과 강도질을 하다 잡혔다. 교묘 하게 열쇠를 복사해 남의 광에 들어가 물건을 훔쳤고, 여자들의 지갑을 찢 고 돈을 훔치기도 했다. 결국은 교수형에 처해졌다.

* 1603년 1월 18일, 빗자루를 만드는 일을 했던 한스 마르티를 죽였다. 이곳저곳에서 2000엘레(독일의 옛 치수단위. 오늘날 1엘레=약 66cm)가 넘는 천을 훔친 그를 교수형에 처했다.

앞에서도 천민 직업군들의 푸대접을 언급했지만, 사형집행인은 만인을 사랑해야 하는 교회에서도 푸대접을 당했다. 미사에 참례할 수 없음은 물론 교회에서 성사를 받지도 못했다. 심지어 장례식도 교회에서 치를 수 없었다. 이런 시대적인 분위기였지만 프란츠 자신은 교회로부터 매우 예외적인 대우와 조건을 받았다고 기록했는데, 글을 읽으면서도 과연 사실인지 의심이 갈 정도다. 그는 교회에서 결혼식을 올렸고 7명의 자식 모두 교회에서 성사를 받게 했으며 일반 학교에 진학시켰다고 기록했다. 그가 교회와 좋은 관계에 있었기 때문일까? 그 당시 사회적 분위기에서는 거의 불가능한 일이었기에 놀랍기만 하다. 그렇지만 그가 그렇게 기록했으니 믿을 수밖에 없다.

심지어 그는 교회의 몇몇 수도자들에게 사형집행인으로서 자신의 의견을 말하기도 했다. 영유아를 살해한 여자들이 지나치게 고통스러운 방법으로 사형을 당하니 좀 덜 고통스러운 방법으로 사형을 집행하자는 의견을 냈는데, 놀랍게도 그 의견을 교회에서 받아들인 것이다. 1580년부터 뉘른베르크에서 영유아 살해한 죄로 처형당한 여자들의 형 집행 방법이 바뀐 것은 프란츠 덕분이었다. 가장 바람직한 것은 사형제도가 없는 세상일 것이다. 하지만 이미 내려진 사형이라면 죄인이 덜 고통스럽게 죽는 방법을 제시하는 것이야말로 그 사회 안에서 민중을 위해 최선을 다한 것일 수도 있다. 프란츠는 늘 죄인을 동정하는 입장이었기에 시에서 경고를 받은 적도 있었다. 하지만 그는 자신이 할 수 있는 한 자비를 베풀면서 약 40년간 사형집행인으로서 맡은 소임을 다하였다.

프란츠는 정년퇴임을 한 후에도 계속 관청의 일을 도왔다. 그가 의뢰받은 일은 교수형을 당한 시신을 자르는 것이었다. 이 일을 하면서 그는 시신의 일부를 집으로 가져오기도 했다. 약이나 부적으로 쓰려는 이유였다. 중세 사람들은 죽은 인간의 몸에는 미처 다 쓰지 못한 힘이 깃들어 있다고 믿었다. 그래서 목매달아 죽은 사람의 손을 잘라 마구간에 갖다 놓기도 했고, 도둑질한 죄로 처형당한 사람의 손가락만 잘라 돈주머니나 금고에 넣어두고 돈을 많이 벌겠다는 염원을 하기도 했다. 또한 그는 말년에 인체 실험을 통한 의학적인 연구도 했으며 집에 병원을 열어 많은 병자를 돌보았다. 어느 면에서는 대단한 사람이었음이 틀림 없다.

1618년 은퇴하면서 그는 마지막으로 다음과 같이 기록했다. "내가 사형시킨 사람은 361명이고, 귀와 손가락을 자른 사람은 345명이다. 나는 사형집행인으로서 내 직업을 성실하게 잘 수행했다." 그리고 1634년 6월 14일 눈을 감았다. 만약 사후세계가 있다면, 그가 자신이 처형했던 706명을 그곳에서 다시 만났을지 궁금하다.

마녀재판
비용

마녀재판 청구서

앞서 언급한 프란츠처럼 돈을 잘 벌었던 사형집행인도 있지만 이는 특수한 사례일 것이다. 그렇다면 대부분의 사형집행인은 어느 정도 돈을 벌었던 것일까? 아래 도표에 나오는 돈의 단위는 지금으로부터 거의 1000~500년 전의 것이기도 하고 당시 유럽은 나라마다 화폐 단위가 달랐기 때문에 현대의 돈 가치로 정확히 가늠하기는 어렵다는 것을 미리 밝힌다.

1595년 독일 아펜바이어Appenweier에서는 3명의 여자가 마녀로 몰려 산 채로 화형을 당했다. 그녀들의 가족은 사형 집행과 관련된 돈을 지불해야 했다. 감옥살이 비용, 음식 비용, 오르텐베르크Ortenberg 성으로 그녀들을 데리고 간 동행인에게 지불하는 비용, 사형집행인의 음식 비용, 아침으로 나온 수프 비용, 법정의 간이음식 비용, 사제와 변호인을 위한 술자리 비용, 수위의 음식 비용 등 총 금액이 93플로린에 달했다. 이를 통해 알 수 있는 것은 마녀로 몰리면 목숨을 잃는 것은 물론 재산까지 잃고 온 가족이 거지로 전락할 수 있다는 것이다.

1617년에 일어난 마녀재판의 청구서를 보면 열네 차례 법정에 끌려가는 비용, 고문기구를 두 번 사용한 비용, 채찍을 네 번 사용한 비용, 두 번의 유황과 역청을 사용한 비용, 화주를 사용한 비용, 재판관이 질문표에 있는 26개의 질문을 한 비용 등이 청구되어 있다. 질문 하나당 비용은 20크로네^{kr.}이고 유황과 역청으로 고문당하다 다친 상처에 약을 발라주는 비용은 8플로린 40크로네가 들었다. 사형집행인의 식사비는 물론 그를 도운 조수에게까지 20플로린을 지급해야 했다.

1628~1629년 독일 디부르크^{Dieburg}의 사형집행인은 253굴덴^{Gulden} 13과 1/2바젠^{Bazen}을 받았다. 독일 쾨스펠트^{Coesfeld}의 사형집행인은 1631년 9명을 사형시키고 27명을 심문한 대가로 169탈러^{Taler}를 받았고 1644년 9월 20일에는 3통의 와인을 선물 받았다는 기록이 있다. 심문 법관들은 매번 심문하고 나면 한 주전자의 와인과 빵 한 통을 받았으며, 옥졸과 종들도 일의 크기에 따라 이런저런 선물을 받았다. 오펜부르크^{Offenburg} 지역의 자료에는 옥졸은 이들이 받는 보수 외에 일주일에 한 번씩 일곱 말의 와인을 선물로 받았다고 기록되어 있다. 이런 자료는 끝없이 찾을 수 있는데, 사람을 죽이고 버는 비용이 매우 후했다는 것을 알 수 있다. 다음은 사형비용과 관련된 보다 자세한 내용이다.

* 표1) 다름슈타트^{Darmstadt}에 남아 있는 법정 자료

항목	비용
혐의자에게 기름을 붓는 비용	24크로네
살아 있는 자를 4등분 하는 비용	15크로네
칼로 목을 치는 비용	10크로네
머리를 수레바퀴에 매다는 비용	5크로네
머리를 창에 꽂는 비용	5크로네
사람을 묻는 비용	1크로네
사람을 창으로 찌르는 비용	12크로네
사람을 화장하는 비용	14크로네
사형집행인이 죄인을 고문하는 비용	2크로네
사제가 죄인을 고문하는 비용	5크로네
목에 쇠로 만든 족쇄를 채우는 비용	1플로린 30크로네
사형집행인이 코와 귀를 자르는 비용	5크로네
죄인을 살던 곳에서 쫓아내는 비용	1플로린 30크로네

(출처 : 사학자 볼프의 저서에서)

* 표2) 18세기의 사형 집행비

항목	비용
교수대에 사다리를 놓는 비용	1플로린
장작불에 태울 준비를 하는 비용	1플로린
화형한 사람의 재를 물에 뿌리는 비용	1플로린
한 번씩 매질하는 비용	8크로네
사형집행인의 조수에게 지불하는 비용	30크로네

사람을 묶어 교수대에 끌고 가는 비용	30크로네
교회 앞에 촛불을 켜주는 비용	12크로네
죽음을 잘 맞이하라고 축원하는 비용	15크로네
고문으로 인한 상처에 연고를 발라주는 비용	30크로네
사람을 태우는 비용	4크로네

(출처 : 사학자 볼프의 저서에서)

이 표에서 우리가 짚어볼 사항이 있다. '죽음을 잘 맞이하라고 축원해 주는 비용이 15크로네'라는 점이다. 프랑크푸르트 근처인 풀다Fulda에서 사제로 일했던 루카스 엘렌츠Lucas Ellentz 신부는 화형당하는 사람의 영혼을 위로한다는 명목으로 200번이나 사형장에서 축원하였다고 하니, 그가 얼마나 많은 돈을 벌었을지 짐작할 수 있다.

참수비용도 표로 정리해 보았다. 앞에서 언급한, 독일 마르크로 바뀐 굴덴을 다시 한 번 상기하자. 2400굴덴 = 14만 4000마르크 = 7200유로 = 우리 돈으로 1000만 원이 넘는 돈이다. 단위를 줄이면 1굴덴 = 60마르크 = 30유로 = 우리 돈으로 4만 5천 원가량이다. 예를 들어 사형집행인이 다섯 사람의 목을 친 후 받은 비용이 145굴덴이라면 그는 145×45000 = 650만 원가량을 벌었던 셈이다.

* 표3) 참수비용

내용	비용
1590년 5월 21일 9명 참수비	176굴덴
1590년 6월 18일 9명 참수비	142굴덴
1590년 7월 23일 10명 참수비	163굴덴
1590년, 8월 20일 5명 참수비	86굴덴
1590년 10월 1일 9명 참수비	100굴덴
1590년 11월 5일 3명 참수비	37굴덴

(출처 : 사학자 볼프의 저서에서)
같은 해에 진행되었던 사형 재판이었지만 금액은 조금씩 달랐다

* 표4) 재판에 관여한 이들에게 지불한 비용

내용	비용
시장에게 지불하는 돈	9탈러 6그로쎈Grossen
시의원에게 지불하는 돈	9탈러 6그로쎈
재판관에게 지불하는 돈	18탈러 12그로쎈
법정 배심원에게 지불하는 돈	9탈러 6그로쎈
시의 서기에게 지불하는 돈	9탈러 6그로쎈
시의 노예에게 지불하는 돈	9탈러 6그로쎈

(출처 : 사학자 볼프의 저서에서)

다음은 1655년 아우구스틴Augustin Huber이 남겨 놓은 사형 집행에 따른 비용 목록이다.

* 페터^{Peter Mauer}는 부인의 사형 집행비로 30탈러를 지불했다.

* 콘라드^{Konrad Euler}는 부인의 사형 집행비로 30탈러를 지불했다.

* 요한^{Johann Adolf Schmidt}은 어머니의 사형 집행비로 40탈러를 지불했다.

* 하인리히^{Heinrich Kuhn}는 부인의 사형 집행비로 25탈러를 지불했다

* 요하네스^{Johannes Reuneck}는 그의 어머니와 아버지의 사형 집행비로 89탈러를 지불하고, 집안의 모든 가재도구를 빼앗겼다.

* 페터^{Peter Weber}는 사형 집행비로 18탈러를 지불했고, 마리^{Marie}는 도망간 남편 때문에 20탈러를 지불했다.

* 발렌틴^{Vaelentin Lochmann}은 도망간 사위 때문에 20탈러를 지불했고, 하인리히^{Heinrich Keller}는 도망간 부인 때문에 10탈러, 안드레아스^{Andreas Esch}는 도망간 부모 때문에 100탈러를 지불했다.

* 하인리히^{Heinrich Leschier}의 딸과 사위는 도망간 부모 때문에 150탈러를 내놓았다.

* 필립^{Phillip Reuneck}은 도망간 부인과 아들 딸 때문에 7탈러, 황소 몇 마리, 송아지 몇 마리, 돼지 8마리, 배 그리고 집안의 그릇과 살림살이 및 토지를 모두 빼앗겼다.

* 클라우스^{Klaus Adam}는 6명의 아이와 도망간 부인 때문에 그의 모든 재산을 헌납했다.

사형 집행비를 내는 것도 모자라 집안 살림살이를 몽땅 빼앗긴 사람까지 있었으니 통곡할 일이다. "법 앞에서 공평함과 정의는 어디에 있는가?"라는 질문을 당시에도 던져 볼 수 있으리라. 한편 중세에도 검은돈이 뒤에서 오갔다는 것 역시 추측할 수 있다. 뒷돈

을 헌납하면 적당한 평계로 혐의를 벗을 수도 있고 형식적인 재판도 가능했던 것 같다.

여기서 하나 짚고 넘어가야 할 문제는 당시 교회에서 흔하게 사용한, 소위 '은총'이란 단어이다. 사형당할 때에 덜 아프게 고통을 줄여 주는 것을 은총으로 생각한 것인데, 억울한 이들을 죽이면서 은총이라는 말을 붙이다니 참으로 어이없다. 여기에 더해 비용까지 청구했으니 기가 막힐 노릇이다.

다음은 독일의 각 도시들(옛 프랑켄 지방)에서 죽어간 사람들의 통계이다. 이 통계는 지나치게 광범위하므로 통계 중에 한 자리 숫자는 떼고 두 자리 숫자부터 소개한다.

표5) 프랑켄Franken 지방에서 죽어간 사람들의 통계

도시	연도	내용
뇌르트링겐Noerdlingen	1590~1594년	17명의 여자와 1명의 남자를 불에 태워 죽임.
빈츠하임Windsheim	1596~1597년	23명의 여자들을 불에 태워 죽이고 참수함.
엘링겐Ellingen	1590년	71명을 불에 태워 죽이고 사형함.
엘방겐Ellwangen	1612년	167명을 참수함.
뷔르츠부르크Wuerzburg	1617년 1623~1631년	300명을 화형함. 219명을 사형함.
게롤츠호펜Gerolzhofen	1615~1618년	261명을 화형함.
마르크트하이덴펠트Marktheidenfeld	1627년	16명을 사형함.
아모르바흐Amorbach	1623~1631년	주교좌 교회에서 900명을 태워 죽이고 사형함.

아이히슈테트 Eichstaett	1603~1627년	113명의 여자와 9명의 남자를 태워 죽임. 1년 후인 1628년에는 274명을 불에 태워 죽임.
밤베르크 Bamberg	1617~1618년	102명을 사형함.
밤베르크 Bamberg와 자일 Zeil	1623~1631년 1623~1630년	900명을 마녀로 판정하여 감옥에 감금, 236명을 불에 태워 죽임.
밤베르크 교구 Bamberg Bistum	1624~1631년	600명을 태워 죽이고 목을 쳐서 죽임.
발러슈타인 Wallerstein	1591년	22명의 여자들을 불에 태워 죽임.

(출처 : 사학자 볼프의 저서에서)
이미 언급했듯이 두 자리 숫자 이상만 밝힌 것으로
여기에 밝히지 못한 한 자리의 다른 희생자도 수두룩하다.

이렇게 종교의 이름으로 인간을 무참하게 죽이자 하인리히 Heinrich Henk는 매서운 한마디를 던진다. "이런 식으로 사람을 불에 태워 죽이다가는 이 지구에서 사람들이 점차 사라질지도 모른다." 그는 이어서 "많은 사람을 태워 죽이려고 나무를 사용한다면 언젠가 이 지구에서 나무들까지 사라질지도 모른다"라는 말도 덧붙였다.

마녀로 몰린 사람의 가족이 남긴 편지

다음은 다비드 David Mohr라는 사람이 마녀 혐의를 받고 감옥에 갇힌 부인에게 쓴 편지이다.

사랑하는 내 아내 카타리나! 당신의 비참한 상황을 생각하니 내 가슴이 미어지오. 하지만 나는 당신이 마술을 부리는 마녀라고 확신하오. 그러니 당연히 당신은 속죄해야 할 것이오. 만약에 당신이 무시무시한 고문을 마귀의 도움을 받아서 견뎌낸다 할지라도 속죄하지 않는 한 당신은 계속 감옥에 갇혀 있지 않으면 안 될 것이오. 관청에서도 그렇지만 다른 사람들도 그렇게 생각하고 있소. 하지만 나는 당신 생각을 하면 가슴이 무척 아프오. 특히 당신이 사형집행인 앞에서 옷을 벗지 않으면 안 된다는 사실이 그렇소. 그리고 사형집행인이 당신을 발가벗긴 채 온몸의 털을 깎는다는 걸 생각하면 안타깝고 슬프다오…… (중략) …… 나는 당신의 수호천사 미카엘에게 빌고 있소. 당신의 수호천사가 당신 가슴에 들어와 있는 마귀들을 몰아내 줄 것을 말이오…….

- 밀텐베르크에서 1637년 당신의 남편 다비드 모어가 보냄

위 내용을 보면 감옥에 갇힌 부인과 남편이 예전부터 서로 연락을 주고받았음을 알 수 있다. 부인이 감옥에서 어떻게 지내는지 알고 있고, 그 때문에 가슴이 미어진다는 표현을 했으니 말이다. 편지 내용으로 보면 남편의 생각 역시 하느님, 천사, 마귀, 수호성인 등 그리스도교의 범주에서 벗어나지 못했다는 것을 알 수 있다. 그리스도 교리 안에서만 세상을 바라보았기 때문일 것이다.

남편의 태도도 엿볼 수 있다. 보통의 남편이라면 부인의 무죄를 주장하면서 빨리 감옥에서 나올 수 있도록 힘을 쓸 것인데, 이 남편은 부인의 죄를 인정하고 그녀가 감옥에서 회개하길 바라며 천국에서 다시 만나자고 말한다. 짐작건대 남편 역시 두려웠을 것이다. 부인에 대해 말 한 번 잘못했다가는 자신도 법정에 설 수 있던 시대였기에 매우 조심하고 있는 듯하다. 오히려 남편은 자신이 부

인의 공범죄로 붙들려가지 않는 것만으로도 감사했을지도 모른
다. 그래서 그는 편지에서 부인이 마녀임을 확실하게 인정해 버린
듯하다. 그러면 적어도 자기 목숨은 보전할 수 있을 것이기 때문이
다. 이처럼 중세의 민중은 무시무시한 마녀사냥에 걸려들지 않기
위하여 수단과 방법을 가리지 않고 갖은 힘을 다 기울였다는 것을
이 편지로 확인할 수 있다.

3부... 마녀사냥의 희생자들

마녀로 몰린 아이 중에는 불우한 가정에서 자란 아이가 많았다. 대부분 고아이거나 편부모 가정 또는 어머니나 아버지가 마녀라는 이유로 교회에서 따돌림을 당하는 아이들이었다. 정상적인 가정의 아이는 드물었고 고아 아니면 찢어지게 가난한 집 아이가 대다수였다. 하지만 실제로는 가족이 있든 없든 가리지 않았으며 독일에만 국한된 것도 아니었다. 프랑스와 스위스에서는 14~15세기 초까지는 어른 위주의 마녀사냥이 진행되었지만 15~16세기로 넘어갈 즈음에는 서로 원수지간이 된 사람들이 조금만 싸워도 이웃 주민을 마녀라고 고발할 정도로 마녀사냥이 난무했고 급기야 8~12세가량의 어린이들에게까지 그 광기가 번졌다.

재산 갈취 및
반대파 처단의 수단

이드슈타인의 마녀사냥

독일 헤센 주의 기록보관실에 보관된 이야기이다. 1676년, 이드슈타인에서 마녀재판이 열려 민심이 술렁거리고 있었다. 성을 지키는 한 군인이 부인과 함께 아이 넷만 남긴 채 죽은 것이 이 이야기의 발단이었다. 그의 아이들은 이 집 저 집으로 옮겨 양육되었는데, 그중 한 남자아이가 비스만Wiessmann이라는 남자의 부인에게 입양되었다. 부인은 아이에게 교회에서 영세를 받게 하였다. 이 아이가 자라 학교에 가게 되었을 즈음, 아이의 방에서 여러 종류의 뱀과 쥐가 발견되면서 문제가 생기기 시작했다. 아이는 자신이 뱀을 만들었다고 주장했고 대모인 고트Goth가 자신에게 쥐를 만드는 방법을 가르쳐 주었다고 했다. 이처럼 아이가 마술을 부리고 마귀와 소통한다고 하여 마녀사냥이 일어난 일화는 중세 유럽 다

중세의 이드슈타인 모습

른 곳에서도 찾을 수 있다. 혹시 아이가 자신이 상상한 세계를 실
제로 있다고 믿었기 때문에 벌어진 촌극은 아니었을까? 어찌 되
었든 당시 교회는 그리스도교에 어긋나며 거룩하지 않은 것은 모
두 악으로 간주하였기에 아무리 아이라도 이런 주장을 하는 것은
매우 위험했다.

　도시 전체가 이 때문에 술렁이던 차에 영주 요하네스가 마녀사
냥의 불을 붙였다. 영주 역시 지난 30년간 자신에게 일어난 불행
한 일이 모두 마녀 때문이라고 주장한 것이다. 그는 첫 부인이 죽
은 후 안나라는 여인을 두 번째 부인으로 맞아들였으나 그녀 역시
영주보다 일찍 세상을 떠났다. 부인뿐만이 아니었다. 첫 부인과의
사이에 9명의 자녀가 있었지만 3명만이 살아남았고, 두 번째 부인

과의 사이에서도 16명의 자녀를 보았지만 역시 3명만이 살아남았다. 안타까운 일이기는 하지만, 당시는 생활환경이 좋지 않아서 아이들의 죽음이 빈번하던 시절이었다. 하지만 영주는 자신의 아이들이 마녀의 저주로 죽었다고 주장했다. 심지어 자기 성의 가축이 빈번히 죽어 나간 것 역시 마녀의 짓이라고 했다.

불을 붙이는 사람이 있다면 옆에서 바람을 넣는 사람도 있는 법이다. 비히트^{Wicht}와 하이만^{Heymann}이라는 두 목사는 판타지가 가득한 광적인 설교로 마녀에 대한 민중의 두려움을 부추겼다. 그렇지 않아도 뱀과 쥐를 만드는 아이와 영주의 부인과 아이들의 죽음 때문에 사람들이 마녀에 대해 두려움을 갖던 중에 이런 설교까지 더해지자 시 전체가 걷잡을 수 없는 공포에 휩싸였다. 요하네스 공작은 직접 마녀사냥을 지시하고 나섰다. 이드슈타인의 마녀사냥은 독일 다른 지역과 비교하면 늦게 일어난 편이지만 분명한 목적을 바탕으로 엄청난 속임수와 흉계가 더해지다 보니 매우 빠른 속도로 진행되었다.

민중이 인정하지 못하는, 해야 할 타당한 이유가 부족한 마녀사냥은 위험하다고 판단한 것일까? 영주는 마녀사냥에 나서기 전에 마녀사냥을 하는 것에 대해 민중이 의문을 갖거나 반박하지 못하도록 철저하게 준비를 하였다. 그는 아랫사람에게 일을 맡기지 않고 모든 것을 진두지휘하였다. 이런 그의 준비성과 몰아부침 덕분에 마녀로 몰린 사람들의 집안은 쑥대밭이 되고 그들의 시민권은 박탈당했다. 이것으로 끝이 아니다. 30년 전쟁이 끝난 후라 당시는 시의 재정이 많이 부족한 상황이었다. 영주는 시의 재정 확보를 위해 마녀 혐의자의 재산 정도에 따라 차등을 두어 재판비를 청구했는데, 가난한 사람은 시에서 재판비를 대주었지만 부자의 재산은 마지막 한 푼까지 탈탈 털어 몰수했다. 여기서 주목할 만한 사실은 죄인은 물론 재판과 관련된 사람들의 행동 하나하나까지 비용을 청구했다는 점이다. 영주가 어떻게 재판비를 청구했는지 살펴보자.

* 수감자에게 식사비용으로 일주일에 1굴덴을 받는다. 좋은 음식을 원한다면 4코푸스툭을 더 받도록 한다(Kopfstueck, 2코푸스툭 = 1굴덴).
* 경비병에게는 주야로 1/2코푸스툭을 지급한다.
* 죄인을 연행하는 관청의 종에게는 2알부스(Albus, 30알부스 = 1굴덴)를 지급한다.
* 사형집행인에게는 하루 식사비로 2코푸스툭을 지급한다.
* 형사재판 때에 재판관의 식사비는 한 명당 1/2 이상의 코푸수툭을 초과하지 않도록 한다.
* 죄인을 법정으로 인도하는 목사에게는 동행비를 지급하지 않는다.
* 검사나 변호사에게는 15알부스를 지급하고 법정 서기에게는 판결 낭독비로 7과 1/2알부스를 지급한다. 하지만 죄인이 가난하다면 무보수로 일해야 한다.
* 완성된 원고를 준비하는 수고비로 법정 서기관에게는 1라이히스탈러(Reichsthaler, 1과 1/2굴덴)를 지급한다. 하지만 죄인이 가난하다면 무보수로 일해야 한다.
* 죄인의 영혼을 돌보기 위해 감옥을 방문한 사제에게는 6라이히탈러

를 지급한다.

　* 관청의 고관이 심문할 때에는 한 심문 당 1과 1/2라이히탈러를 지급하고, 고문을 병행하면 그 두 배의 돈을 지급한다.

　* 사형집행인이 사형을 집행하면 6라이히탈러를 지급한다. 그가 죄인을 특정한 장소로 연행하면 그만큼 추가 비용을 지급한다.

　이처럼 치밀하고 계획적으로 재판비용을 청구하였기 때문에 마녀사냥의 그물에 걸린 사람은 대부분 재산을 탕진할 수밖에 없었다. 당시 이드슈타인에서는 어느 정도 재산이 있는 사람이 마녀사냥의 피해를 많이 입었다. 마녀 혐의로 붙잡히면 일단 목숨만이라도 건지기 위해 자진해서 자신의 전 재산을 바치는 사례도 적지 않았다. 마녀사냥을 빌미로 시의 재정이 매우 풍족해졌음은 물론이다.

　이드슈타인 시의 영주가 펼친 다른 교활한 정책도 살펴보자. 당시 이드슈타인은 30년 전쟁의 여파로 시의 재정도 파탄이 났지만, 인구도 많이 줄어든 상태였다. 1648년의 자료를 보면 이든슈타인의 인구가 서른 가구 남짓으로 줄었던 때도 있었다. 세월이 흘러 출산을 통해 다시 인구가 늘기는 했지만, 인구가 늘어난 데에는 영주의 마녀사냥 정책도 단단히 한 몫을 하였다. 그는 마녀 혐의를 받아 잡혀 온 사람 중 출산이 가능한 40세 이하의 여자는 무조건 풀어주었다. 어떻게든 인구를 늘리겠다는 속셈이었다. 그 시대의 여자들은 한 명의 아이라도 더 낳아서 시의 인구 증가에 이바지해야 했다. 인구가 줄면 노동력이 부족해 도시를 경영하기 힘들고 세수도 감소하기 때문에, 당시로써는 인구를 늘리는 것이 영주의 최대 과제였다. 한 예로 당시 마녀로 몰린 사람 중 하나였던 로트쾨핀Rothkoepfin 가의 딸은 사람들이 이해하기 어려운 이유로 풀려났는데, 아이를 낳을 수 있는 가임기 여성이라는 이유로 방면된 것은 아닌지 추측해 본다.

이것만 보아도 마녀사냥의 이중성이 드러난다. 마녀는 죽여야 할 존재이니 마녀로 의심되는 사람은 무조건 잡아들여야 한다며 민중을 부추기던 지배 계급들이 자신의 목적을 위해서는 온갖 대의명분을 붙여 법망을 피해 사람들을 풀어주는 일을 반복했기 때문이다. 즉 자신들의 필요로 사람들을 죽이기도 하고 살리기도 했다는 것은 그만큼 마녀사냥의 법적 해석이나 논리가 허술했고 그 타당성도 부족하다는 이야기와도 통한다. 이유야 어찌 되었든 한 사람이라도 덜 희생되어서 다행이라 할 것인가?

여자들과 비교하면 그 수가 적었지만, 이드슈타인에서는 남자들도 다수 마녀로 몰려 죽임을 당하였다. 마귀의 힘을 빌려 이리로 모습을 바꾸었다는 이유로 죽임을 당한 남자도 있었지만, 대개는 돈놀이를 하면서 지나친 이자를 챙기는 등 윤리적인 범주에서 벗어난 행동을 한 사람들이 마녀로 몰려 처형당하였다.

지금 이드슈타인 시에서는 당시에 죄 없이 죽어간 사람들의 이름을 성벽에 걸어 그들의 억울한 죽음을 애도하며 명예를 회복시켜 주고 있다. 처참하게 죽어간 그들의 영혼이 이 표징으로 위로받을 수 있을지는 모르지만, 그래도 필자는 이러한 움직임을 칭찬하고 싶다. 종교는 이처럼 자기 성찰이 따라야만 종교의 본질로 되돌아갈 수 있다고 생각하기 때문이다.

겔른하우젠의 마녀사냥

1500년대 후반, 독일 헤센 주의 도시 겔른하우젠은 권력을 쥐고 있는 시장파와 그 반대파가 늘 으르렁거리는 곳이었다. 이곳의 마녀사냥은 시장 요하네스Johannes Koch 때문에 시작되었다. 겔른하우젠의 첫 신교 목사는 요하네스 스투루프Johannes Strupp였는데, 그가 죽은 후 그의 부인인 엘리자베스Elisabeth Strupp가 시장 반대파의 편에 붙자 그녀는 곧 시장파의 눈엣가시가 되었다. 어느 날 교회에서 도난 사고가 일어났다. 조사 끝에 교회지기와 수공업자가 자신들이 교회물건을 훔쳤다고 죄를 시인했지만 시장파는 평소 눈엣가시였던 엘리자베스에게 죄를 뒤집어씌웠다.

결국 그녀는 법정에 불려가 심문을 당하기에 이르렀다. 무자비한 고문을 이기지 못한 그녀는 자신이 훔치지 않았음에도 거짓 자백을 했고 그 결과 사형을 선고받았다. 그녀에게 내려진 유일한 은총은 그녀가 사형당할 때 단칼에 목을 베라고 사람들이 시장에게 청했다는 점이다. 그녀가 그나마 덜 고통스럽게 죽기를 바라는 마음에서 그랬을 것이다.

그녀가 참수당한 뒤, 음모의 일각이 드러났다. 정권을 쥐고 있던 시장파가 그녀를 제거하기 위해 누명을 씌웠음이 밝혀진 것이다. 진짜 범인들은 화형에 처해졌고, 이 일을 주도한 시장 요하네스는 시장 자리에서 쫓겨났으며 그의 추종자 중 28명이 사형을 당했다. 요하네스 전 시장은 후에 병이 들어 죽기 전에 자신이 죄 없

1650년경의 겔른하우젠 풍경

는 사람들을 죽인 것에 대해 용서를 청했다고 한다. 지금도 겔른 하우젠의 한 교회에는 그들의 명예를 회복해줄 의도인지 당시의 상황을 그린 그림이 걸려 있다.

유니우스 시장 이야기

유니우스^{Johannes Junius} 시장은 1614~1628년 동안 밤베르크의 시 장으로 여러 번 재직한 덕망 있는 정치인이었다. 그런 그가 1628 년, 난데없는 사람의 밀고로 마녀로 몰려 심문을 받게 되었다. 다 른 마녀 혐의자들처럼 그 역시 그리스도에 반하는 행동을 했음을 자백하라며 모진 고문을 당했다. 그는 자백할 내용이 없었기에 고 문 속에서도 참고 버티었지만, 결국 앞의 엘리자베스처럼 거짓 자 백을 한 뒤 형장의 이슬로 사라졌다. 중세 유럽에서는 이처럼 수 만 명의 사람이 억울한 죽음을 맞아 지구에서 사라졌다.

그는 죽기 전에 딸 베로니카에게 편지를 남겼다. 그 당시에는 딸에게 남긴 유언이었지만, 지금 이 편지는 다음에 언급할 쾰른Cologne의 카타리나 헤노트가 남긴 편지와 함께 마녀 연구에 귀중한 자료로 쓰인다. 편지의 마지막 날짜는 1628년 7월 24일로 적혀 있다. 지금으로부터 약 400년 전, 억울하게 죽어야 했던 한 아버지의 절절한 마음이 담긴 편지를 한 번 읽어보자.

사랑하는 나의 딸 베로니카!

아버지는 이유도 모른 채 감옥에 들어와 죄도 없이 심문과 고문을 당했다. 이런 억울한 일이 세상 어디에 또 있겠니? 나는 아무런 잘못도 하지 않았으니 지독한 고문에도 무죄를 주장할 수밖에 없었지만, 분위기를 보아하니 죄가 없어도 살아서 돌아가지는 못할 것 같다. 혐의를 받은 자가 감옥에 들어온 이상 그들이 원하는 자백을 할 때까지 계속 심문을 하다 결국에는 마녀로 몰아 죽이기 때문에 아버지도 예외는 아닐 것 같구나. 내 앞날이 훤하게 보이는구나.

사랑하는 나의 딸아! 무고한 내가 이곳에서 어떤 고문을 당했는지 너에게 꼭 들려주고 싶구나. 첫 심문 때에 내 앞에는 브라운Braun 재판관과 케첸되르퍼Koetzendoerfer 재판관 그리고 몇몇 낯선 재판관이 나타났다. 먼저 내가 여기에 왜 오게 되었는지 아느냐고 브라운 재판관이 묻더구나. 나는 당당하게 죄가 없는데도 무언가 알 수 없는 일에 휘말려 여기까지 왔다고 대답했다. 그러자 그는 내가 '마녀들의 우두머리'라면서, 내가 감옥에 오게 된 이유를 자신은 훤히 안다고 말하더구나. 그러면서 자백을 하지 않으면 즉시 내 옆에 사형집행인을 세우겠다고 으름장을 놓더구나.

하지만 나는 마녀가 아니라고, 양심에 거리낌 없는 완전하고 깨끗한 영혼의 소유자라고 있는 그대로 대답했다. 그랬더니 증인을 데리고 오더구나. 공문서를 다루는 궁내관의 아들이었다. 증언을 하기 위해 나와 마주선 그에게 나는 물었다. 당신이 나에 대해 무엇을 알고 있느냐고, 나는 내 인생 전체를 아무리 돌아보아도 당신과 함께한 일이 전혀 없다고 말이다.

그러자 그는 나를 지방 재판에서 한 번 본 적이 있다고 대답했을 뿐 더 상세한 진술은 하지 못하더구나. 다음 증인으로는 궁내관이 등장했는데 그 역시 아들처럼 진술하더구나. 그다음은 일용직 하녀 호프젠Hoppsen Elss이 증인으로 들어왔다. 그녀는 내가 하우프트Haupt의 숲에서 마녀들과 함께 춤추는 것을 목격했다고 말했다. 그 진술에 대해 재판관이 좀 더 구체적으로 물었지만 그녀는 더는 대답하지 못하고 머뭇거리더구나. 그럴 수밖에 없겠지, 전부 거짓 증인들이니까! 증인 3명의 진술이 너무나 싱거운 거짓말로 들렸기 때문에 나는 신이 결코 나를 버리지 않을 것이라고 그들에게 말했단다.

그러자 그들은 당황했는지, 내게 빨리 자백하지 않으면 사형집행인을 불러 고문하겠다고 으름장을 놓더구나. 하지만 나는 그리스도교의 신을 부정한 적이 없고 앞으로도 부정할 생각이 조금도 없다고 대답했다. 그들은 나의 진실한 진술은 무시하고 결국 사형집행인을 불러 내 손을 묶더구나. 그러고는 내 손을 고문대에 넣어 조였단다. 손톱에서 피가 철철 흘러서, 그 이후로 4주간이나 손을 사용할 수 없었다.

그 이후로도 고문은 계속되었다. 나는 고통이 너무나 심해서 하늘이 내려앉고 땅이 꺼지는 것 같았다. 이들은 나를 이렇게 여덟 차례나 고문했는데, 그때마다 나는 엄청난 고통을 감수해야만 했다. 또한 모든 고문은 나를 발가벗긴 후 진행되었다. 그때 내가 받은 모욕감을 어떻게 표현해야 할지 모르겠구나. …… 하지만 나는 끝까지 당당하게 말했다. 신이시여! 아무 죄 없는 한 인간을 이렇게 다루는 저들을 용서해 주십시오! 신이시여! 저들의 목적은 나의 영혼과 육신이 아니라 나의 재산에 있습니다! 그 기도를 들은 브라운 재판관은 오히려 나를 사기꾼이라고 매도하더구나.

…… 사랑하는 내 딸 베로니카야! 오늘도 발가벗겨진 후 고문을 받았다. 손은 점점 사용하기 어려울 만큼 망가지고 있다. 딸아! 하늘에 맹세컨대 아버지는 죄가 없다! 죄가 없음에도 이렇게 고통당하고 있음을 너는 알아다오!

고문이 끝난 후, 내게 연민의 정을 느꼈는지 옥졸이 나를 감옥에 집어넣으면서 날조를 해서라도 허구의 자백을 하라고 조언을 하더구나. 내가 자백하지 않고 계속 버틴다면 무시무시한 고문은 계속 가해질 것이고, 그러면 상황은 더욱 나빠져서 결국은 내가 고문을 견뎌내지 못해 죽을 수도 있다는 이야기였다. 내가 너무나 큰 고통 속에 빠져 있으니 아마도 도와주고 싶은 것 같았어.

다음은 게오르그^{Georg Hann}라는 사람이 나타나 전한 말이다. 요한^{Johann Georg} 주교가 나를 다른 이들에게 본보기로 삼기 위해 호되게 다루는 것이라고 하더구나. 시 전체가 이번 일로 그에게 두려움을 갖게 하는 게 목적이라고 말이다!

사랑하는 내 딸아! 지금 아버지가 어떤 위험에 빠져 있는지 넌 충분히 짐작할 수 있겠지. 나는 이제 신을 부정하고 싶은 생각마저 든다. 신은 아무 죄 없는 나를 이렇게 만들지 않았느냐! 그래도 믿어야 할 신이기에, 나는 사제를 불러 달라고 옥졸에게 청했지만 그 청은 거절당했단다. 나에게 사제를 보내 주었더라면 내가 앞으로 어떻게 해야 하는지 적어도 상의라도 할 수 있었을 텐데……. 결국 사제 면담은 포기하고 고문이라도 피할 방법을 생각할 수밖에 없었단다. 풀려나기 위해 순전히 허구로 지어낸 이야기인데, 내 딸 베로니카야 한 번 들어보려무나.

나는 언젠가 공원묘지의 우물가에 간 적이 있었다. 우물가에 주저앉아 있을 때 한 여자가 다가와 여기서 무엇을 하느냐고, 왜 그렇게 슬픈 모습이냐고 묻길래 나도 잘 모른다고 대답했다. 그녀는 내게 자연스럽게 다가오더니 갑자기 양으로 모습을 바꾸었다. 그러고는 나에게 '당신이 나의 것이 되지 않으면 당신을 죽이겠다'는 말을 남기고는 즉시 사라져 버렸다. 곧바로 두 여자와 한 남자가 내 앞에 나타났다. 그들은 내게 그리스도교의 신을 부정하라고 명령했다. 그래서 나는 그렇게 하겠다고 말했다. 그 후 마귀는 내게 마녀성사를 주었고 두 여자는 내가 마녀성사를 받을 때 나의 대모가 되었다. 그녀들은 금화를 내게 선물했는데 나중에 보니 금화가 아니라 깨진 유리조각이었다.

딸아! 옥졸의 충고대로 고문을 피하고 풀려나기 위해 나는 이런 이야기를 지어냈다. 비록 허구의 거짓말이지만, 어쨌든 그들이 원하는 자백을 했으니 이제 모든 혐의를 벗고 감옥에서 풀려날 희망에 부풀었단다. 그런데 딸아! 이들은 내 앞에 다시 사형집행인을 세우더니 전보다 더 심한 으름장을 놓더구나. 이번에는 어디에서 어떤 춤에 참가했는지 자백하라고 하더구나. 대체 이 황당함은 언제 끝날 것이란 말인가! 고문과 심문에서 벗어나기 위해 상상으로 지어낸 이야기였으니 어떻게 답을 해야 할지 도무지 모르겠더구나. 하지만 살아남기 위해 나는 다시 이야기를 지어내야 했단다. 앞에 거짓 증인들이 나와서 증언한, 내가 듣지도 가보지도 못한 장소인 하우프트의 숲이 떠올라 그곳에서 춤을 추었다고 다시 거짓말을 했단다.

그런데 딸아! 이들은 내게 점점 더 구체적인 대답을 요구하더구나. 이번에는 그곳에서 누구를 보았느냐고 묻길래 아무도 보지 못했다고 대답했더니 그런 식으로 나오면 다시 사형집행인을 불러 칼을 내 목에다 대겠다고 으름장을 놓더구나. 그러고는 앞에서 나에 대해 거짓 진술을 했던 궁내관이 분명 거기에 있지 않았느냐고 묻더구나. 나는 어리둥절했지만, 지금의 고통을 피하고자 그렇다고 말해 버렸다. 그러자 그들은 또 누가 있었는지 빨리 대라고 다그쳤다. 그것도 무조건 8명의 이름을 대라고 말이다!

풀려날 것이라는 내 기대는 무참히 깨어졌다. 이들은 다시 나를 사형집행인에게 보냈다. 내 옷을 전부 벗기고 털이란 털은 모두 깎은 뒤 다시 나를 고문대에 앉혔다. 나는 살기 위해 또 엉터리 이야기를 지어내야 했다. 나는 내 아이들을 죽여 마귀에게 바치려고 하다가 그 대신 말 한 마리를 죽였으며 교회에서 모신 성체를 땅에 묻었다고 했다. 이렇게 상상으로 짜낸 이야기로 거짓 자백을 했더니 이들은 흡족해하며 일단 나를 고문대에서 풀어 주더구나.

사랑하는 내 딸아! 너는 내가 살아남기 위하여 거짓 자백을 했다는 사실을 알 것이다. 그리고 아버지가 왜 죽게 된 것인지 이 편지로나마 알게 될 것이다. 분명 신은 천국에서 나를 돕겠지? 딸아! 아버지는 죄 없이 죽게 된다. 내가 순교자와 같다는 생각도 드는구나.

사랑하는 딸아! 너도 이 아버지처럼 경건한 신앙을 가졌다고 나는 믿는다. 진실하고 경건한 많은 남녀가 열심히 교회에 다닌다고 하지만 딸아, 잘 관찰해 보아라. 이들이 뒤에서 저지르는 나쁜 짓들을! 나는 소위 경건한 신자라는 자들이 증인으로 나와서 법정에서 벌이는 악행을 똑똑히 목격했다. 아버지는 확신한다. 거짓 진술을 해주는 대가로 이들이 뒤에서 검은돈을 주고받았다는 것을!

그래서 너에게 당부한다. 옥졸을 매수했으니, 그편에 이 편지를 너에게 전한다. 이 편지와 집에 있는 돈을 챙겨 일이 마무리될 때까지 여섯 달 정도 잠시 교구 밖으로 나갔다가 다시 집으로 돌아오너라. 사랑하는 딸 베로니카야! 이 편지를 잘 숨겨야 한다! 이 편지를 다른 사람들에게 보여서는 절대 안 된다. 만약 들킨다면 나는 다시 고문대에서 더 무시무시한 고문을 받아야 하고, 자칫 편지를 전해 준 옥졸까지 마녀로 몰려 고문을 당할 수도 있다. 그러니 이 편지를 숨겼다가 네 삼촌도 읽을 수 있도록 건네주어라. 삼촌은 네 편이 되어 분명 너를 위로해줄 것이다!

사랑하는 내 딸 베로니카야! 이 편지를 쓰는 동안에도 내 손은 경직되다 못해 서서히 마비되고 있구나. 이제 죽음을 준비하는 기도를 하는 것 외에는 내게 다른 길이 없구나. 곧 나도 네 어머니가 있는 곳으로 가겠지. 이제 죽어야 하는 마당에 인사를 전해야 할 사람이 떠오르는구나. 안나 마리아에게도 많은 인사를 전해다오. 내 딸 베로니카야! 아버지는 이제 너를 영원히 보지 못할 것이다. 그래서 너에게 몇 번이고 안녕이라 하고 싶단다.

1628년 어느 날, 아무런 죄가 없음에도 누군가의 밀고로 마녀로 몰려 재판에 넘겨진 후 무시무시한 고문을 당한 끝에 결국 죽어야만 했던 한 남자의 절규와 딸을 걱정하는 아버지로서의 마지막 작별 인사가 귓가에 메아리치는 듯하다. 그 당시 억울하게 죽어야 했던 영혼이 한둘이 아니었겠지만, 본인이 직접 남겨 놓은 생생한 이야기를 읽는 것은 또 다른 아픔으로 다가온다.

앞장에서 언급했던 것처럼 중세 마녀재판에는 질의응답 표를 만들어 놓고 재판관이 이 틀에 상응하는 자백을 강요했다. 유니우스 시장은 살아남기 위하여 당시에 떠돌던 이야기를 끌어 모아 거짓 동화를 만들어 자백용으로 사용했지만 결국 죽임을 당했다. 진짜 자백을 하든 거짓 자백을 하든 죽기는 마찬가지라는 뜻이다. 이 이야기의 끝을 사학자 볼프가 밝혔는데, 후에 거짓 증언을 했던 사람도 모두 참수를 당했다고 한다. 거짓 증언을 했다가 유니우스 시장이 만든 거짓 자백용 이야기에 말려들어서 그들도 죽음을 맞이한 것인지, 아니면 처음부터 그들도 마녀사냥의 대상이었는지는 알 수 없다.

이 편지로 당시 마녀재판이 어떻게 진행되었는지 뿐만 아니라 그 시대의 사회상도 엿볼 수 있다. 오랫동안 시장을 역임하다 보니 법정에서 일하는 자들이 유니우스에게 호의적으로 대하는 부분이 있었고, 이런 호의적인 대우가 있었기에 그가 편지를 써서 안전하게 딸에게 전달할 수 있었을 것이다. 그리고 주교가 자신의 반대 세력에게 본보기를 보여주기 위해 작정하고 덕망 높은 시장을 죽이려고 했던 것을 보면, 당시의 권력 싸움이 마녀사냥으로 비화하였다는 사실도 추론해볼 수 있다.

마귀를 숭배하는 마녀의 모습을 그린 상상도

시기와 질투로 비롯된
마녀사냥

카타리나 이야기

1671년, 독일 키르히하임 운터 테크Kirchheim unter Teck의 쇤바흐 Schoenbach라는 마을 출신의 학교장 부인 카타리나Katharina Lips가 마녀로 밀고를 당했다. 카타리나는 즉시 감옥으로 이송되어 근처 대도시 마르부르크에서 열린 마녀재판에 출석하였고 시장인 요한Johann Schmitt이 그녀를 심문하였다. 이어서 카타리나가 마녀라는 사실을 증명해줄 증인들이 법정으로 불려들어 왔다. 어떤 증인은 카타리나가 자기 아이의 다리를 만진 뒤로 아이의 종아리가 붓기 시작했다고 말했다. 그다음 증인은 10년 전 카타리나가 준 소시지를 먹고 자신의 아이가 갑자기 배가 아파 죽었는데, 이는 그녀가 마녀의 저주를 내렸기 때문이라고 주장했다. 거기다 그 증인의 사위는 법정에서 "카타리나가 꼭 나쁜 사람이라고는 할 수 없지만 마녀임은 확실하다"는 황당한 진술까지 했다.

하지만 카타리나를 옹호하는 사람도 많았다. 그들은 카타리나가 단지 사람들의 미움을 받았기 때문에 마녀로 밀고를 당했다고 주장했다. 그녀는 교회에도 열심히 다니고 신에게 기도도 열심히 하는 사람인데, 누군가 그녀를 증오하여 거짓 소문을 퍼뜨렸다는 것이다. 이처럼 그녀를 위한 호의적인 증언들이 있었음에도 4월 6일, 그녀는 결국 고문을 받기 시작했다.

기록을 보면 그녀는 사형집행인들에 의해 벌거벗겨진 후 몸에 난 모든 털이 깎였다고 한다. 그녀의 몸에는 예수가 가시에 박힌 자국, 소위 말하는 그리스도의 성흔이 보였는데 말이 성흔이지 마녀인지 아닌지 판단하는 시험 중 하나인 바늘 시험으로 피부를 깊게 콕콕 찍은 자국이었을 것으로 추측된다. 그녀는 지독한 고문에도 끝끝내 자백하지 않아 일단 1672년 5월 30일 풀려났다. 당시는 마녀로 몰려 잡힌 사람이 자백하지 않았다는 이유로 풀려나는 것은 매우 예외적인 일이었다. 그러자 그녀를 마녀라고 증언했던 사람들이 심하게 반발하기 시작했고, 결국 그녀는 다시 감옥으로 끌려갔다. 일이 이렇게 되자 그녀는 당시 시의 실세였던 공작부인 소피아에게 자신의 구명을 부탁하기에 이르렀고, 공작부인의 도움으로 감옥에서 풀려날 수 있었다.

그런데 어찌 된 일인지 그녀는 시장 요한에 의해 다시 붙잡혀 감옥에 들어갔다. 시장은 카타리나가 공작부인에게 도움을 요청함으로써 그녀를 죄인으로 다루었던 자신의 명예를 실추했다고 생각한 듯하다. 이번에도 그녀는 자백 없이 꿋꿋하게 고문을 이겨

냈지만, 오히려 그녀가 처절한 고문에도 끝끝내 견디었던 것이 화근이 되었다. 그녀가 마녀가루를 복용한 덕분에 고문을 견뎌냈다는 주장이 나온 것이다. 끊이지 않는 모함보다 그녀의 운이 더 질겼는지, 다행히 그녀는 처형당하는 대신 그 도시에서 영원히 추방당하는 벌을 받았다. 이처럼 그 어떤 심문과 고문에도 견디고 살아남은 카타리나의 경우는 중세 마녀사냥에서 매우 예외적인 일이라고 할 수 있다.

아폴로니아 이야기

다음 이야기의 주인공도 마녀사냥에서 극적으로 살아남았다. 뇌르드링거Noerdlinger라는 제화공製靴工의 집에서 하녀로 일했던 아폴로니아Apollonia라는 한 과부의 이야기이다. 이 집에 사는 동안 아폴로니아는 제화공의 부인과 자주 다툼을 벌였다. 주로 아폴로니아가 부인에게 맞는 쪽이었다. 그러던 어느 날 제화공의 부인이 큰 병에 걸려 몸져누웠는데, 그녀가 왜 아픈지 의사조차도 병명을 찾지 못했다. 답답해진 남편은 지푸라기라도 잡는 심정으로 점쟁이를 찾아갔다. 점쟁이는 그의 부인의 병은 마녀의 저주에 걸린 탓이라고 단언했다. 이 말을 들은 제화공은 과부 아폴로니아를 의심하기 시작했다.

점쟁이의 말을 철석같이 믿은 그는 아폴로니아는 마녀이며 자신의 부인을 병들게 한 장본인이라는 결론에 이른다. 그는 이 사실을 의도적으로 이웃에게 퍼뜨렸고 이웃들은 기다렸다는 듯이 그의 말에 맞장구를 쳤다. 그냥 여기에서 끝이 났으면 좋으련만,

분노에 찬 제화공은 아폴로니아를 마녀로 고발하기 위해 이웃과 공모하기 시작했다. 이 사실을 알아차린 아폴로니아는 마녀로 몰려 죽을지도 모른다는 두려움에 떨다가 시의회를 찾아가 상담을 신청했다. 당시에 이런 상담소가 있었는지는 모르겠지만, 고발을 당하기 전에 먼저 도움을 요청했다는 것은 매우 특이한 경우라고 할 수 있다. 짐작건대 그곳에 잘 알고 지내는 사람이 있었던 것이 아닌가 싶다. 적어도 힘 있는 누군가가 아폴로니아 편에 있었음은 분명하다.

이 사건의 진상 조사는 부시장이 맡았다. 그는 먼저 당사자 아폴로니아와 2명의 이웃을 증인 신분으로 법정에 불렀다. 그리고 나사로 엄지손가락을 죄어 고문하는 기구 옆에 앉힌 후, 바른 진술을 하지 않으면 당장 나사로 엄지손가락을 죄겠다고 으름장을 놓았다. 증인으로 불려온 이웃들은 기겁하여 모든 일은 제화공이 시켜서 한 일이라고 진술했다. 이 사건의 주동자가 제화공임이 밝혀진 것이다. 덕분에 아폴로니아는 자유의 몸이 되었고, 그녀를 밀고하려 한 사람들은 시에서 추방되었다.

당시는 마녀로 몰리면 재판을 받은 후 대부분은 죽임을 당하였는데, 신분이 낮은 과부가 오히려 자신을 밀고하려는 사람들을 고발하여 마녀 혐의를 벗었다는 사실이 놀라울 따름이다. 아마도 그녀가 시장과 가까운 사이였거나 아니면 다른 시들과는 다르게 이 시는 밀고로 잡혀 온 사람에 대해서 신중하게 처리하는 어떤 제도적인 장치가 마련되어 있었던 것이 아닐까 하고 추측할 뿐이다.

과학자 케플러의 어머니 카타리나

카타리나 케플러(Katharina Kepler, 1547~1622)는 용병이었던 하인리히 케플러와 결혼하여 그해에 첫 아들을 낳았다. 이 아이가 나중에 천문학자이자 수학자로 이름을 날린 요하네스 케플러(Johannes Kepler, 1571~1630)이다.

케플러 부부는 사이가 좋지 못했다. 하인리히는 술과 여자를 좋아하는 난봉꾼이었고 카타리나는 성격이 지나치게 괄괄했으며 남들과 언쟁도 자주 하였다. 남편 하인리히는 1573년 가족을 떠나 네덜란드에 용병으로 참전하였고, 카타리나는 1576년 아이들을 데리고 레온베르크Leonberg로 이주하였다. 그녀는 어릴 적부터 배운 약초에 대한 지식을 바탕으로 의약품이나 연고를 만들어 팔거나 환자들을 돌보며 요하네스 케플러를 포함한 3명의 아들과 딸 하나를 키우며 생계를 꾸려갔다. 그러다 1589년, 남편 하인리히는 18년간의 결혼 생활을 완전히 청산한 뒤 그녀를 떠났고 1590년 아우그스부르크Augsburg 근교에서 병사하였다.

앞에서도 언급했지만, 그녀는 평소에도 다른 사람들의 일에 간섭하며 언쟁하는 일이 잦았고 하던 일이 잘 풀리지 않으면 곧장 타인을 향해 저주를 퍼붓는 괄괄한 성격이었다. 그녀는 친구인 우르술라 라인볼트Ursula Reinbold와도 언쟁 후 껄끄러운 관계로 지냈는데, 어느 날 우르술라가 병에 걸린 것이 이 불행한 사건의 시초가 되었다. 이발사(당시의 이발사는 오늘날의 이발사와는 달리 사람의 건강을 챙기는 의사 역할도 하였는데 오늘날 서양의 외과의사는 중세의 이발사에서 출발했다고 볼 수 있다. 나중에 이발사는 외과적인 기능까지 영역을 넓혔는데,

정식으로 의학을 공부한 의사가 많아지기 전까지 민간의 의사로서 그 역할을 톡톡히 하였다)였던 우르술라의 남동생은 자신이 조제한 가루약을 누나에게 건네주었다.

우르슬라가 남동생에게 받은 가루약을 복용했는데도 별 차도가 없자, 동생은 어떤 마녀가 저주를 해서 누나의 병이 낫지 않는다고 해석하기에 이른다. 이 말을 들은 우르술라는 바로 카타리나를 떠올렸다. 카타리나가 자신에게 저주를 걸었다고 생각한 그녀는 오래전에 카타리나가 만든 약초 물을 마신 적이 있음을 기억해냈다. 그녀는 즉시 관청에 카타리나가 마녀라고 고발하였다. 결국 카타리나는 1615년 마녀 혐의로 재판을 받았고, 첫 번째 재판에서 혐의가 없음이 증명되어 곧 풀려났다.

하지만 카타리나는 다시 우르술라의 고발로 감옥에 들어가게 된다. 그러자 케플러는 어머니 카타리나를 변호하기 위해 나섰다. 당시에는 아들이 부모의 변호인으로 나서는 것이 흔하지 않은 일이었지만, 케플러는 그의 친구가 있는 튀빙겐 대학의 법학자들에게 자문을 구하는 등 어머니의 무죄방면을 위해 온 힘을 다했다. 덕분에 카타리나는 석방될 수 있었다.

이처럼 당시는 이웃 간에도 조금만 못마땅하면 인정사정없이 서로를 마녀로 고발하던 시대였다. 사학자 디트리히 슈바니츠 (Dietrich schwanitz, 1940~2004)에 의하면 1497~1750년에 남서독일에서 350명의 남녀가 고발당했는데, 85퍼센트가 여자들이었고 그중 116명이 사형을 당했다. 카타리나가 살던 곳도 1613~1629년에 15명의 여자가 마녀로 몰려 심문을 당했고 그중 8명이 화형

당대를 대표하는 과학자 케플러의 초상.
그의 어머니 카타리나는 주변 이웃들에게 마녀로 몰려
70세가 넘은 나이에 혹독한 옥고를 치렀다

당했다. 이런 열악한 환경에서 카타리나는 유명한 아들을 둔 덕택에 마녀사냥을 피할 수 있었던 것이다.

그 후 케플러는 아직 어머니를 마녀로 의심하는 이웃들의 눈초리를 피하고자 카타리나를 오스트리아 린츠로 피신시켰다. 하지만 그녀는 다시 고향으로 돌아왔고, 또다시 우르술라의 고발로 체포되고 만다. 우르술라는 마녀 혐의에 명예훼손죄까지 추가하여 100굴덴의 배상금을 청구했을 뿐만 아니라 재판비용까지 카타리나에게 부담시키겠다고 으름장을 놓았다.

이번에는 기필코 그녀가 마녀임을 증명하겠다고 다짐한 우르술라는 카타리나가 마술을 부렸음을 증언해줄 증인들을 모았다. 그들이 재판에 나와서 한 증언은 다음과 같다. "카타리나가 두 명의 아이를 손으로 만졌는데, 둘 다 죽었다." "그녀가 부르가 할러 Burga Haller의 허벅지를 건드려 다치게 했다. 부르가 할러의 딸 역시 카타리나가 만진 뒤에 팔을 다쳤다." "카타리나가 만진 소 한 마리와 돼지 두 마리가 모두 죽었다." 조금만 이성적으로 생각해보면 말이 되지 않는 황당한 이야기들이지만, 당시는 자신들이 이해할 수 없는 일은 모두 마녀의 저주로 생긴다고 믿던 시대였다. 또한 카타리나가 약초를 다룰 줄 아는 것도 그녀가 마녀임을 증명하는 것이라고 사람들은 주장했다.

그때 카타리나의 나이는 73세였다. 지금도 그렇지만 당시로서는 매우 노령의 나이이다. 그 나이에 그녀는 쇠사슬에 묶인 채 감옥에 갇혔고 고문을 받았다. 밖에서는 두 명의 건장한 남자가 그녀를 밤낮으로 감시하였다. 그녀를 둘러싼 정황이 모두 그녀에게 불리하게 돌아갔다. 카타리나는 약 14개월여 동안 감옥에 갇혀 여러 번의 고문을 받았지만, 끝까지 자신은 마녀가 아니라고 강력하게 부인했다. 심지어 자신이 이곳에서 죽게 된다면 후에 신이 나타나 자신이 죄가 없음을 만천하에 밝혀줄 것이라고 장담하였다. 그녀가 감옥에서 홀로 싸우고 있을 때에 바깥에서는 그녀의 아들

케플러가 어머니를 위해 백방으로 힘을 쏟았다. 1621년 10월, 드디어 그녀는 자유의 몸이 되어 풀려났다. 그 후 그녀는 약 반 년간 평화롭게 살다 1622년 4월 13일에 숨을 거두었고 그녀의 고향 레온베르크에서는 1937년 그녀의 명예를 회복하고 기념하는 동상을 세워 그녀를 기리고 있다.

강요와 심문에 의한
거짓 자백

뮌헨의 마녀사냥

중세 시대의 독일 뮌헨은 매년 마녀사냥이 일어났던 대표적인 마녀사냥의 도시이다. 매년 반복되는 일이라 기록관도 심드렁했는지 지금부터 이야기할 사건에는 발생 연도도 기록하지 않고 7월 2일이라는 날짜만 기록되어 있다. 이곳에서 평소 능력이 뛰어났던 두 여자가 화형 선고를 받았다. 한 여자는 교회 부근에 있는 무덤에서 아이의 시신을 끄집어내어 연고를 만들고, 다른 여자는 여러 번 공중을 날았다는 죄로 붙들려 왔다. 이들은 나이가 많고, 명망 있는 영주의 간원 덕분에 다소 은혜를 입을 수 있었다. 풀려났다는 뜻이 아니라 먼저 교수형으로 숨을 끊은 후 화형을 당하는, 즉 덜 고통스럽게 죽는 은혜를 입었다는 뜻이다.

다음은 1600년에 일어난 사건으로 마녀로 몰린 한 부부가 아들들과 함께 고문을 받다가 자백한 내용을 기록한 것이다. 부부는 자신의 6명의 아들과 함께 수백 명의 아이를 죽이거나 다치게 한 죄로 기소되었다. 400여 명의 아이 중 일부에게는 마법을 사용하고 일부는 죽였으며 58명의 아이는 다리를 절게 만들고 남은 아이들은 무자비하게 학대했다는 것이다. 심한 고문 끝에 그들은 죄를 자백했다. 벌겋게 달군 펜치로 아이들을 때리고 아이들의 팔을 수레바퀴에 넣어 돌리기도 했으며 어떤 아이들은 기둥에 묶어 태웠다는 것이다. 성난 군중은 이 가족의 남편을 달군 쇠에 꽂아 죽이고 아내는 벌겋게 탄 쇠 의자에 앉혀 태워 죽였다. 자식 중 가장 어린 아들에게서는 혐의점을 발견하지 못해 풀어주는 대신 가족들이 비참하게 죽는 모습을 지켜보도록 했다. 목숨은 건졌지만, 사실 이보다 지독한 형벌은 없었으리라!

1666년 1월 9일에는 70세 노인을 참수하였다는 기록이 남아 있다. 여기서도 동화 같은 자백이 등장한다. 이 노인은 사람들의 농사를 망치게 하려고 마술로 나쁜 날씨를 몰고 왔으며 빗자루를 타고 공중을 날고 하늘에서 벌거벗은 채 땅으로 내려와 여자들을 희롱했다고 한다. 그의 자백은 여기서 끝이 아니다. 40년간 마귀와 함께 살면서 교회에서 받은 영성체를 공경하지 않은 죄까지 저질렀다고 말했다.

앞에서도 수없이 본, 판에 박은 마녀 사냥 이야기이다. 늘 그랬듯이 그의 진술이 진실이었는지 거짓이었는지는 알 수 없다. 아무리 건강한 사람이라도 70세면 노인인데, 무슨 힘으로 그런 악행을 저지른단 말인가? 그 역시 고문에 못 이겨 당시에 떠돌던 마녀 이야기를 각색하여 거짓 자백을 한 것은 아닐까? 그가 가족은 없지만, 재산이 많은 노인이라서 마녀로 몰려 죽임을 당했을 수도 있다. 앞에서 보았듯이 누군가가 마녀로 몰려 사형을 당하면 시나 교회, 혹은 영주가 그의 재산을 차지할 수 있었기 때문이다. 특히 1666년은 30년 전쟁이 끝난 후라, 시의 재정이 몹시 열악하여 마녀사냥에 적극적이었다는 것은 이미 증명된 바 있다. 오늘날에는 긍지 높은 역사와 문화가 숨 쉬는 도시로 평가받는 뮌헨이지만, 이런 무시무시한 사건들이 존재했다는 사실이 조금 씁쓸하다.

꽃마녀 카타리나 팔다우프

다음은 겨울에도 꽃을 피워 '꽃마녀'로 알려진 카타리나 팔다우프(Katharina Paldauf, 1625~1675)의 이야기이다. 그러나 사학자들은 그녀가 마녀로 참수당한 것은 확실하지만, 겨울에 꽃을 피웠다는 사료는 찾지 못했기 때문에 '꽃마녀'는 후세에 와서 붙여진 별명일 뿐이라고 말한다. 하지만 지금도 그녀의 이름 앞에는 여전히 '꽃마녀'라는 수식어가 붙는다.

카타리나는 스무 살이 채 되지 않았을 때에 엘리자베스^{Elisabeth Katharina Freifrau von Galler}라는 귀족 집의 하녀로 들어가, 그곳에서 관리인으로 일하던 남자 요한^{Johann Simon Paldauf}과 결혼하여 3명의 아이를 낳았다. 여기까지만 보면 평범한 삶을 산 것 같은데, 대체 무슨 일이 있었기에 마녀로 몰려 죽임을 당한 것일까?

그녀가 살았던 오스트리아 펠드바흐^{Feldbach}에서는 1673~1675년에 엄청나게 많은 마녀사냥이 일어났는데, 그녀도 여기에 연루

'꽃마녀'라는 별명으로 불린 카타리나 팔다우프

되었다. 그녀는 빵 굽는 여자 마리아$^{Maria\ Trieber}$에게 밀고를 당했다. 마리아는 카타리나가 겨울에도 꽃을 피우는 것은 물론 일부러 나쁜 날씨를 가져와 사람들을 괴롭히고 마녀집회에도 참석했다고 주장했다. 체포된 카타리나는 전부 거짓말이라고 자신의 결백함을 완강히 주장했지만, 무자비하게 고문당하는 것이 두려웠는지 결국 심문관들이 원하는 거짓 자백을 하게 된다. 여기서도 동화 같은 자백들이 판타지처럼 펼쳐진다.

그녀는 밤마다 동물 모습을 한 마귀를 따라 마녀집회에 참석했다고 자백했다. 하지만 자백했음에도 고문이 그녀를 비켜가지는 않았다. 심문관은 그 마녀집회에 참석한 다른 사람들도 자백하라며 그녀를 다그쳤다. 심문관의 이런 처사에 분노한 그녀는 미친

듯이 날뛰었다. 그녀의 부모를 저주하였고 신성모독까지 하였다. 그렇게 한참의 시간이 지난 후, 그녀는 자신이 결국 죽어야 한다는 것을 어렴풋이 인지했는지 자신에게 씌워진 모든 혐의를 인정하였다. 그다음은 뻔하다. 연관된 사람들의 이름을 대는 것이다. 그녀는 성직자 3명의 이름을 말하였다.

1675년 8월 3일, 카타리나는 그녀가 공모자라고 자백한 사람들과 대질 심문을 하기 위해 좀 더 큰 법정이 있는 레겐스부르크 Regensburg로 옮겨진다. 이들과의 대질 심문 결과, 별 혐의를 찾지 못했는지 그녀는 풀려났다. 하지만 사제 3명 중 두 명은 사제직을 박탈당했다. 그런데 어찌 된 일인지 그녀는 다시 마녀로 몰려 붙잡혔고 몇 달 후인 1675년 10월에 참수당했다.

그녀가 왜 마녀로 몰려 죽임을 당했는지는 확실하게 밝혀진 것이 없다. 그저 당시 펠드바흐는 마녀사냥이 매우 여러 차례 일어난 도시였고 그녀도 그 희생자 중 한 명이었다는 것만 알 수 있을 뿐이다. 펠드바흐에서는 1673년 한 해에만 52명이 마녀로 몰려 희생되었고 1689~1690년에는 9명의 남자와 19명의 여자가 희생되었다. 옆 도시 레겐스부르크에서는 전부 95명이 희생되었는데, 그중 남자는 53명으로 다른 도시와 비교하면 희생된 남자의 수가 많은 편이었다.

아그네스 이야기

아그네스Agnes Pucherin는 1696년 3월 18일 마녀로 붙잡혀 온 이후 스무 차례나 지독한 심문을 당하였다. 그녀는 가슴 위에 50파운드

(약 23킬로그램)의 무거운 돌을 얹는 고문과 사지가 찢어질 정도의 무자비한 고문을 당했지만 자백하지 않고 버티었다. 하지만 점점 더 잔인해지는 고문을 이기지 못하고 결국 거짓 자백을 하게 되었다. 그녀의 자백 역시 판타지가 가득한 동화의 한 대목 같다.

나는 많은 아이를 살해했습니다. 죽은 아이의 심장을 먹기도 했습니다. 나는 마녀연고도 만들었는데, 그 연고를 8명의 사람에게 발라 죽이기도 했습니다. 어느 날 밤에는 옛 방앗간이 있는 성의 분수대로 빗자루를 타고 날아간 적도 있습니다. 사람만 죽인 것이 아닙니다. 나는 스무 마리의 소도 죽였습니다. 나는 여덟 살 때부터 마귀를 보았는데, 그 마귀는 농부의 모습으로 내게 나타났습니다. 마귀를 만난 이후 나는 그리스도 신을 부정했습니다. 교회에는 나갔지만 한 귀로는 설교를 듣는 척하고 다른 쪽 귀로는 그 설교를 씻어내는 부정을 저질렀습니다. 또한 나는 마녀집회에 참석하여 마녀의 춤을 추면서 뱀으로 변신한 적도 있습니다.

결국 그녀는 마녀로 판정받고 산채로 불에 태워졌다. 여기서 한 가지 의문이 든다. 다른 자백들처럼 동화 같은 구석이 많지만, 그녀의 자백은 좀 더 구체적으로 들리기 때문이다. 그렇다면 그녀는 진짜 마녀였을까? 아니면 혹시나 살아남을 수 있을지도 모른다는 기대감에 당시 온 나라에 퍼진 마녀에 대한 이야기를 종합하여 거짓 자백을 한 것일까?

마리아 이야기

마리아^{Maria Holl}는 1593년, 다른 사람들의 밀고로 명망 있는 두 명의 다른 부인과 함께 마녀로 체포되었다. 그녀는 3일간 열여덟 차례의 심문과 예순두 차례의 심한 고문을 당하였지만, 자신은 마녀가 아니라고 완강하게 주장했다. 자백이 없으면 마녀로 만들 수 없으니 재판관 볼프강^{Wolfgang Graf}의 처지가 난처해졌다. 할 수 없이 그는 3명의 사제에게 그녀의 상태에 대한 조언을 구했다. 그들은 마리아가 의연한 마음을 가지고 있는 걸로 보아 이미 정화되었으니 그녀를 풀어주어도 된다는 결론을 내렸다. 귀에 걸면 귀걸이 코에 걸면 코걸이가 되는 '이현령비현령^{耳懸鈴鼻懸鈴}'이 여기서도 나타나다니! 기가 찰 노릇이지만 어찌 되었든 그녀는 '혐의 없음'으로 풀려났다.

그녀는 6개월 후 다시 밀고를 당해 체포되었지만, 이때도 죽을 운명은 아니었나 보다. 독일 남부 울름^{Ulm}에 사는 힘 있는 친척이 그녀를 구제하기 위해 나섰고 이 도시의 목사도 그녀를 위해 발 벗고 나선 덕분에 그녀는 다시 무혐의로 풀려날 수 있었다.

1594년 10월 1일, 풀려나는 그녀에게 법정이 한 가지 조건을 내걸었다. 그녀가 감옥에서 어떤 일을 당하였는지에 대해 무슨 일이 있더라도 함구하라는 것이었다. 그때 그녀의 나이가 45세였는데, 그녀는 1634년 85세에 페스트에 걸려 죽을 때까지 목숨을 이어 나갔다. 대단히 질긴 생명력이다.

병자도
마녀로 몰다

레베카 렘프의 편지

마르틴Martin Hindenach이라는 대장장이의 집에 우르술라 하이더Ursula Haider라는 하녀가 살고 있었다. 그녀는 정신이 온전치 못한 여자였다. 우르술라는 대장장이의 아이 셋을 돌보았는데, 어느 날 그녀가 돌보던 아이들이 천연두에 걸려 죽었다. 천연두나 콜레라는 전염병의 일종이지만, 이런 병조차 마귀나 마녀의 저주에서 비롯된다고 생각하던 중세였기에 대장장이는 아이들의 죽음이 우르술라 때문이라고 의심하였다.

대장장이의 고발로 그녀는 마녀로 몰려 체포되었고 시장인 페링거Pferinger가 그녀를 맡아 심문하였다. 처음에 그녀는 자신은 마녀가 아니라고 강하게 주장하였다. 하지만 고문을 견디지 못해서였는지 아니면 진짜 아이들을 죽인 죄책감 때문인지 결국 자백을 하기 시작했다. 이 자백 역시 앞에서 본 자백들처럼 그 내용이 상상을 초월한다.

그녀는 마귀와 함께 빗자루를 타고 하늘을 날기도 했고, 아이의 피부에서 진물이 나고 부어오르자 상태를 더 악화시키기 위해 마녀연고를 발랐다고 자백했다. 동료 마녀의 이름을 대라는 시장의 심문에 그녀는 7명의 다른 사람을 언급했고 그들 역시 잡혀 와 재판에 넘겨졌다. 그녀가 언급한 사람 중에는 시에서 명망 있는 집안의 사람도 포함되었는데, 바로 이 이야기의 주인공 레베카 렘프 Rebecca Lemp이다.

레베카를 제외한 다른 사람들은 스스럼없이 우르술라와 함께 마녀로 활동하였다고 자백하였다. 더 놀라운 점은 그들이 천연두로 죽은 아이의 시체도 먹었다고 진술한 것이다. 이들은 레베카가 자신들의 우두머리라고 입을 모아 증언하였다.

레베카는 회계사인 남편 페터와의 사이에 6명의 아이를 둔 중년의 여자였다. 다른 마녀 혐의자들이 입을 모아 레베카가 자신들의 우두머리라고 증언했지만, 시에서는 쉽게 그녀를 체포하지 못하였다. 그녀의 집안이 시에서 꽤 명망가였기 때문이다. 그래서 그녀의 남편 페터가 장기 출장을 가는 날 그녀를 체포하려는 꼼수를 생각해 내었다. 1590년 6월 1일, 드디어 페터가 집을 비우자 그녀는 즉시 체포되었다. 심문에서 레베카는 자신의 무죄를 강력하게 주장하였다. 그러자 재판관들은 고문을 하는 동시에 그녀와 그녀를 밀고한 여자들의 대질 심문에 들어갔다.

1590년 7월 29일, 그녀는 나사로 엄지손가락을 죄는 고문을 당하였지만 이에 굴하지 않고 계속해서 자신의 무죄를 주장했다. 재판관들이 원하는 자백을 하지 않으면 더 심한 고문이 가해진다는 사실을 앞서 여러 예를 통해 이미 알고 있으리라. 그녀 역시 더는 고문을 견디지 못하고 결국 거짓 자백을 하기에 이르렀고, 늘 그렇듯 재판관들의 강요로 또 다른 몇몇 여자의 이름을 말했다. 자백 후 그녀는 깊은 절망에 빠져 자포자기에 이르렀다. 자백을 해도 마녀로 몰았고 자백을 하지 않으면 심한 고문을 한 뒤 끝끝내 마녀로 모는 세상이지 않는가! 뒤늦게 자신의 부인이 마녀로 몰려 잡혀갔다는 사실을 알게 된 레베카의 남편 페터는 부인의 무죄를 입증하기 위해 갖은 힘을 다했지만, 그의 노력은 모두 수포로 돌아갔다. 자신에게 죽음이 임박했다는 것을 감지한 그녀는 남편에게 자신의 억울함이 담긴 편지를 보낸다.

나의 사랑하는 남편 페터 보세요. 나는 죄가 없음에도 이 지상에서 당신과 이별하지 않으면 안 되게 되었어요. 나는 정말 죄가 없어요. 하늘에 있는 신도 알 거예요.
나의 사랑하는 남편 페터! 내 가슴은 갈기갈기 찢어집니다. 내 아이들이 앞으로 어머니 없는 고아가 된다고 생각하니 가슴이 미어터집니다. 누가 이런 내 억울함을 헤아리겠어요…….

1590년 9월 9일, 그녀는 4명의 다른 여자와 함께 마녀로 판정받아 화형을 당한다. 그녀의 편지가 남편에게 전해질 수 있었던 것은 그녀가 글 교육을 받은 명문가 출신이었기에 가능했을 것이다. 더불어 그녀가 남편에게 이토록 자신의 억울함을 호소하는 것을 보면 그녀는 정말 죄가 없었을지도 모른다. 아마 앞서 본 수많은 예처럼 그녀 역시 지독한 고문 끝에 거짓 자백을 했고, 자백하면 살 줄 알았는데 결국 죽임을 당했던 경우일 것이다. 정작 그녀를 고발한 우르술라는 많은 고문을 당하긴 했지만 목숨은 건지고 풀려났다고 기록되어 있다. 이런 아이러니가 있을까!

빈의 플라이나허 재판

1583년 오스트리아 빈의 플라이나허Plainacher 마녀재판은 무성한 소문에서 비롯되었다. 주인공은 2년 전부터 간질병을 앓고 있던 안나라는 소녀이다. 간질병을 질환으로 보지 않고 마귀의 저주로 간주한 것이 문제의 발단이었다. 그녀의 가족은 병을 고치려고 마귀를 쫓는 의식을 거행했지만 차도가 없자 1583년 봄, 그녀를 빈으로 데려온다. 빈의 주교 요한이 안나를 데려오라고 했기 때문이다. 그는 안나의 간질병을 안타까워하며 그녀 안에 든 마귀를 쫓아내어 안나가 정상적인 생활을 할 수 있게 해주겠다고 하였다. 주교는 안나의 가족에게 그녀의 간질 증상은 안나가 나쁜 죄를 지어 생긴 것이 아니므로 얼마든지 치유할 수 있다고 말하였다. 그리고 안나를 치유하려면 그녀의 몸 안에 들어 있는 마귀를 쫓아내야 한다고 했는데, 여기서 문제가 발생한다. 안나의 외할머니 엘자 플라이나허Elsa Plainacher가 마귀를 불러들여 그녀를 병들게 했다고 주교가 단정했기 때문이다.

엘자는 곧 재판에 넘겨졌지만, 마녀인지 아닌지에 대해서는 의견이 갈렸다. 안나에게 있는 마귀를 물리치는 예식은 예수회 신부 게오르그가 거행하였다. 게오르그 신부는 "안나에게 1만 2526명의 마귀가 들어 있다"고 주장하면서 마귀들을 몰아내기 위한 치유 예식을 거행하였다. 예식이 진행되는 동안 일흔의 할머니 엘자는 감옥에 갇혀 있었고, 할머니의 재판은 개신교 신자로 유명한 폴커르트^{Volkert Frh. von Auersperg}가 담당하였다.

안나의 어머니 아그네스는 안나를 낳고 얼마 지나지 않아 죽었기 때문에 외할머니 엘자가 안나를 키웠다. 엘자는 가톨릭이 아닌 루터교 신자여서 안나는 어릴 때부터 할머니의 손을 잡고 신교 교회에 가서 루터교의 설교를 들었다. 이 말은 안나는 구교가 아닌 신교의 영향을 더 많이 받았다는 뜻이다. 할머니 곁에서 자라던 안나를 아버지가 데려간 것은 안나의 나이 14세 때였다. 뒤늦게라도 자신이 딸을 키우기 위해서가 아니라 안나에게 돈벌이를 시키기 위해서였다. 안나의 간질 증상은 이때부터 시작되었다고 한다.

엘자가 마녀로 몰리는 것에는 안나 아버지의 증언도 한몫했다. 언젠가 엘자가 "구교는 개와 같다"는 말을 한 적이 있다고 그가 주장한 것이다. 이 때문에 재판 과정에서 구교와 신교가 서로 으르렁거렸음은 물론이다. 특히 구교측은 발끈해서 엘자를 법정에 세웠다. 괘씸죄에 해당한다는 뜻이다. 그리고 몇 번의 심문 후 엘자를 고문하기 시작했다(당시는 구교와 신교가 서로 앙칼지게 싸웠지만 요즘의 독일은 다르다. 신교와 구교가 함께 예식을 하고 평화 속에서 공존하고 있다). 구교에서는 주교가 나서서 엘자에게 자비심 같은 것은 생각하지도 말라는 공문을 보내기도 했다.

끝없는 고문에 시달리던 엘자는 결국 자백을 하기에 이른다. 자신이 마귀와 관계를 맺은 것은 물론, 손녀인 안나의 몸과 마음마저 마귀에게 맡겼다는 것이다. 그리고 안나의 간질 증상은 마귀가 그녀에게 사과 하나를 주었는데, 그것을 먹고 난 뒤부터 시작된 것이라고 진술했다. 마귀는 검은 옷을 입은 남자의 모습으로 나타났는데 때로는 실 꾸러미나 작은 소녀, 병 속의 모기, 고양이 등으로 모습을 바꾸기도 했다고 진술했다. 또한 그녀는 영성체를 받자마자(독일 루터파는 가톨릭처럼 영성체를 모신다) 입에서 꺼내어 다른 곳에 숨기거나 거름에 묻었다고 덧붙였다.

1583년 11월 27일, 마녀로 판정받은 엘자는 산 채로 가루가 될 때까지 불에 타서 죽는 형을 선고받았다. 엘자 역시 앞의 여자들처럼 자백하지 않아도 죽었을 것이고 자백을 하고서도 죽임을 당할 수밖에 없었다. 다시 한 번 종교가 무엇인지 진지하게 생각하게 되는 일화이다.

신보다
빵을 원한 사람들

마술사 야클

다음은 1675년에서 1690년까지 오스트리아 잘츠부르크^{Salzburg}에서 열렸던 한 재판에 대한 이야기이다. 이 재판의 중심인물이 '마술사-야클^{Zauberer-Jackl}'이라 불리는 한 소년이어서 이 재판을 야클 재판^{Jackl Prozess}이라고도 부른다. 후세 사람들은 이 재판을 환상과 환영에서 기인한 재판이라고 평하는데, 그 이유는 다른 마녀재판과 비교했을 때에 동화 같은 진술이 더 많이 쏟아져 나왔기 때문이다. 하지만 실제로 있었던 재판이며 유럽에서는 영화로도 제작된 적이 있다.

동물 가죽을 벗기는 일을 하던 바바라^{Barbar Koller}라는 여자가 잡혀 재판에 넘겨진 것이 사건의 발단이었다. 그녀는 야클의 어머니였다. 야클은 거리에서 집 없이 떠돌아다니는 유랑자들의 대장 노릇을 하고 있었는데, 그에 관해서는 이상야릇한 이야기가 나돌고 있었다. 야클 그룹의 일원으로 붙잡혀온 사람들의 주장에 의하면 야클이 몸을 감출 수 있는 마술을 부린다는 것이다. 100명의 사람이 그를 잡으려고 달려들어도 야클은 요술을 부려 도망갈 수 있을 뿐만 아니라 고양이나 쥐, 검은 새 등으로도 둔갑할 수 있기 때문에 절대로 잡히지 않을 것이라는 소문도 떠돌았다. 이런 소문을 믿은 아이들이 야클의 주위에 하나둘씩 모여들면서 야클 그룹이 형성된 것이다.

그럼 야클은 왜 거리를 떠도는 유랑자들의 대장이 되었을까? 1646년, 야클의 아버지가 죽자 야클의 어머니 바바라는 자신에게 유리하게 재산 상속을 받으려고 속임수를 쓰다 들통이 나서 고향에서 쫓겨나고 아들과 함께 떠돌아다니는 신세가 되었다. 그러다가 1675년 1월, 그녀는 열다섯 살이 된 아들 야클과 함께 도둑질을 하다 붙잡혔다. 야클은 재빨리 도망쳤지만 그녀는 가벼운 죗값을 치르고 석방되었다. 하지만 바바라는 또다시 도둑질을 하고 사람을 독살하는 등의 무거운 죄를 지어 다시 붙잡혔고, 결국에는 참수당했다. 시에서는 도망간 야클을 잡기 위해 현상금까지 내거는 등 온갖 힘을 기울였지만 별 성과가 없었다.

그러던 1677년 9월 15일, 야클 그룹의 멤버 중 하나인 12세의 거지 디오니시우스Dionysius Felder가 오스트리아 잘츠부르크에서 참수당한 후 화형에 처해졌다. 이 소년은 심문을 받던 중에 그룹 내 많은 동료를 밀고했기 때문에 디오니시우스에 대한 재판은 그가 죽은 뒤에도 계속 진행되었다. 디오니시우스의 고발로 198명이

당시 중세 유럽 거리에는 유랑자가 넘쳐났다. 무분별한 마녀사냥으로
부모를 잃은 아이들이 거리로 나와 자신들끼리 집단을 이루었고
제 몸 하나 누일 곳 없는 사람들이 도시를 유랑하며 힘겹게 살아가던 시대였기 때문이다.
아래 그림은 프랑스의 판화가 자크 칼로가 그린 '거리의 유랑자'

붙잡혀왔는데, 그들 중 5명은 재판 중에 사망했고 138명이 참수당했으며 13명은 잘츠부르크에서 추방되었다. 부모가 참수당한 10세 이하의 아이 11명은 위탁가정으로 보내졌다. 나머지 31명은 증거 불충분으로 풀려났다. 앞에서 언급한, 참수당한 138명은 열 살을 갓 넘긴 아이부터 80세 노인까지 다양했다. 남자는 모두 77명으로 대부분 21세 이하의 청소년이었다.

중세 유럽에서는 거리를 떠돌아다니는 아이가 수두룩했다. 살기 힘든 시기이기도 했지만, 종교의 이름으로 열린 수많은 마녀재판 때문에 부모를 잃은 아이도 많았다. 보호해 줄 어른 하나 없이 거리에서 살 때에는 서로를 챙기던 이들이었지만 한두 명씩 붙잡혀 재판에 넘겨지자 이제는 너 나 없이 고발하는 통에 연쇄적으로 동료가 붙잡혀 들어왔다. 1677~1678년에 이 재판에 든 법정비용만 8000플로린이었지만 이들은 재판 비용을 지불할 능력이 전혀 없었기에 전부 잘츠부르크 시가 비용을 떠맡았다.

이 재판은 혐의자 대부분이 아직 나이가 어리다 보니 대다수 자백이 상상에서 나온 판타지라는 점이 특징이다. 그럼에도 시에서는 이런 자백을 기반으로 하여 아이들의 부모까지 잡아들여 그들이 원하는 자백을 할 때까지 고문을 계속했다. 심문의 끝은 이제 미루어 짐작이 가능하다. 감옥에서 살거나 아니면 죽임을 당하거나.

야클 그룹에 속했던 가족 중 특히 주목할 만한 한 가족을 소개한다. 부부와 네 명의 아이로 이루어진 데벨라크Debellak 가족이다. 광부로 일하다 사고로 눈이 먼 아버지는 부인 및 아이들과 함께 1년 정도 거리에서 구걸하며 살다 잡혀 재판에 넘겨졌다. 그는 자백하지 않는다는 이유로 혹독한 심문과 고문을 받았지만, 다행히 목숨은 건졌다. 하지만 시에서 쫓겨나 홀로 오스트리아 북쪽으로 추방당했다. 기록에 따르면 시에서는 그에게 연명할 음식과 옷을 주고 다친 팔을 치료해 주었으며 몸에 붙어 있는 이를 처리해주고 여비로 4플로린을 주어 추방했다고 한다. 하지만 부인과 딸은 참수를 당했고 다른 세 명의 아이는 위탁가정으로 보내졌다.

이렇듯 한바탕 폭풍우가 몰아친 후 조금씩 잠잠해지면서 야클 재판도 끝나는 듯하였다. 하지만 잘츠부르크에서는 포기하지 않고 주변 도시들과 야클에 대한 정보를 꾸준히 교환하였다. 그러다 뒤늦게 붙잡혀 온 16세 소년 그레고르Gregor Puechegger가 자신이 어떻게 야클 그룹의 회원이 될 수 있었는지를 자백하면서 야클 재판에 다시 불이 붙었다.

어느 날 길을 가던 그레고르에게 몹시 야윈 남자가 다가와 말을 걸었다. 이 남자는 그레고르에게 돈을 주며 자기와 동행하면 앞으로 배고플 일은 없을 것이라고 말했다. 그가 바로 야클이었다. 이런 방법으로 야클은 주위에 사람을 모아 야클 그룹을 결성했다고 한다. 그렇다고 아무나 야클 그룹의 회원이 될 수 있는 것은 아니었다. 회원이 되기 위해서는 몇 가지 절차를 거쳐야 했다. 우선 몸에 문신을 새겨 소속감을 높였고 문신 중에 흘러나오는 피로 각자의 이름을 노트에 썼다. 소위 말하는 혈서인데, 그 당시 교회에서 본다면 마귀가 하는 짓으로 오해할 만하다. 그레고르 외에 잡혀 온 또 다른 야클 그룹의 멤버인 크리스티안Christian Reiter은 야클에 대한 기이한 이야기를 법정에서 쉼 없이 쏟아냈다.

야클 대장은 숟가락으로 날씨를 바꿀 수 있어요. 하늘로 날아가 마귀를 만나기도 한 걸요? 음식은 늘 대장이 어디에선가 훔쳐왔어요. 그는 마술로 몸을 투명하게 만든 뒤 남의 집에 들어가 며칠씩 있기도 했어요. 대장이 마술을 할 줄 알았기 때문에 그룹에 소속된 모든 사람은 그에게 절대적으로 순종해야 했어요. 그의 말을 듣지 않으면 마녀가루나 연고 등을 바르거나 주문을 외워 감쪽같이 사라지게 만들어버렸거든요. 또 대장은 우리도 마술을 배우면 언제든지 말이나 개, 고양이, 소 닭 등으로 변신할 수 있다고 했어요. 특히 대장은 쥐로 변하기가 쉽다고 말했어요. 우리는 주로 남의 곡식 창고에서 먹을 것을 훔쳤고 헛간에서 잠을 자며 생활했답니다.

야클 그룹이 사람과 동물들을 괴롭히며 다닌 것은 틀림이 없는 듯하다. 이들의 증언 중 살인을 했다는 증언이 특히 문제가 되었다. 그것도 임산부 살인이었다. 야클은 임신한 여자를 죽인 후 태아가 아들이면 마술에 사용하려고 임산부의 배에서 태아를 끄집어냈다고 한다. 또한 큰 공간에 십자가와 예수, 마리아의 상징을 걸어두고 그가 조롱을 퍼부었다는 증언도 쏟아졌다. 야클뿐만 아니라 자신들도 그리스도를 부정하고 마귀를 섬겼으며 십자가를 조롱했다고 말했다. 즉시 참수형에 처해질 만한 죄목이었다.

하지만 생각해 보라. 당시의 종교 지도자들이나 귀족들은 먹고 살 걱정이 없었으니 금이나 은으로 만든 십자가를 잘 모실 수 있었겠지만 부모나 집, 먹을 것도 없이 떠돌아다니는 아이들에게 십자가상이나 마리아상이 무슨 의미가 있었겠는가? 예수의 이름으로 호의호식하면서도 이런 거리의 아이들에게는 관심조차 없었던 종교 지도자와 사회 지도층에게 더 문제가 있는 것이 아닌가? 생존이 우선이었던 아이들에게는 차라리 마술을 부려 빵을 만들 수 있다는 야클이 더 구세주 같았을 것이다.

그나마 다행이라고 할 수 있는 점은 이렇게 잡혀 온 아이들에게는 고문기구를 사용하지 않고 주로 고문을 할 것이라는 으름장만으로 자백을 받아냈다는 것이다. 하지만 정말 고문하는 대신 죽기 직전까지 모질게 때렸다고 하니 과연 다행이라고 할 수 있을지도 의심스럽다.

이처럼 판타지 같은 이야기를 남긴 길거리 유랑자들의 우두머리 야클은 그 후 종적을 감췄다. 그가 어디서 어떻게 죽었는지에 대한 자료는 어디에서도 찾을 수 없다. 그렇기에 그는 지금까지 마녀사냥과 마녀재판을 연구하는 학자들 사이에서 전설적인 존재로 남아 있다.

막스 헤엔 이야기

막스 헤엔Marx Heen은 1655년 독일에서 태어났다. 아버지는 야콥, 어머니는 게르트루트Gertrud라고 알려졌는데, 막스는 야콥의 친아들이 아니라 어머니 게르트루트가 불륜을 저질러 태어난 아이였다. 그의 진짜 아버지는 시토 수도회Zistersienser의 수도사였다. 막스의 이런 출신 때문인지 그의 성장 과정은 순탄하지 못했다. 그는 늘 사람들의 눈을 두려워했고 외톨이처럼 지냈다. 그러다 점점 나쁜 생활에 물들기 시작하였다. 바늘도둑이 소도둑 되듯, 좀도둑에서 시작된 일탈은 점점 더 강도가 세져 약탈과 살인을 일삼는 범죄자로 변모하게 된 것이다. 막스가 체포당했을 때에 그는 자신이 마귀를 섬기는 마녀라고 고백하며 스스로 저지른 죄들을 인정했다. 막스는 1683년 그리스도교 성지주일날 감옥에 들어갔고, 5월 13~15일에 엄중한 심문을 받았으며 5월 18일 판결을 받고 즉시 화형당했다.

심문과정 중에 드러난 28세 청년의 삶은 매우 고달팠다. 그는 16세 때부터 누이와 매제의 종으로 지냈으며 집이 아닌 마구간에서 생활했다. 집안에서부터 갖은 학대를 당한 그가 비뚤어지지 않은 게 차라리 이상할 정도였다.

그가 마음 둘 곳 없이 불우하게 지내고 있을 때에 한 마귀가 검은 남자의 모습을 하고 그에게 나타났다. 그가 잠을 자고 있을 때에 처음으로 나타난 마귀는 그에게 "너는 천복을 받을 것이다!"라고 말했다. 늘 천덕꾸러기로 취급받던 그로서는 처음 듣는 칭찬이었다. 그는 마귀에게 물었다. "왜 내가 천복을 받게 됩니까?" 그러자 마귀가 대답했다. "수도사의 사생아로 태어났기 때문이다." 지금까지 사람들에게 듣던 말과는 완전히 반대되는 해석이었기에 그는 매우 감동을 하였지만 동시에 너무 놀란 나머지 교회에서 배운 대로 마귀를 쫓는 기도를 시작했다. 그러자 마귀는 자취를 감추었다. 3주 후에 마귀는 똑같은 모습으로 다시 막스에게 나타났지만, 그가 다시 마귀를 쫓는 기도를 시작하자 즉시 사라졌다. 그러다가 몇 년 뒤인 1680년, 그는 오스트리아 뮈르츠슐락Muerzzuschlag의 강에서 목욕하다가 물에 빠졌는데, 이때도 짧은 팔과 짧고 거친 발을 가진 검은 남자의 모습을 한 마귀가 나타나 그를 구해 주었다. 구체적인 지명까지 나오는 것을 보면 이 사건이 기록에 남을 만한 사건이었음을 추측할 수 있다.

남자는 막스를 어느 바위동굴로 데려갔다. 그 안에는 많은 촛불이 타고 있었고 동굴 속에는 수많은 사람과 함께 수산 양(머리는 사자, 꼬리는 큰 뱀, 몸통은 산양의 형태를 이루는 동물로 무서운 화염을 입에서 토해낸다고 알려져 있다)들이 서 있었으며 커다란 통 속에는 돈이 가득 들어 있었다. 혹시 아는 사람이 있는지 둘러보았지만 찾을 수 없었다. 마귀는 막스에게 그의 영혼을 자신에게 주면 많은 돈을 주겠다고 말했다. 그리고 그의 코를 비틀어 코피가 흘러나오게 하였다. 마귀는 막스의 피로 긴 편지를 썼다. 이런 행위 자체가 막스의 영혼을 마귀에게 주었다는 표징이었으므로 그는 많은 돈을 받을 수 있었다. 하지만 그가 동굴 밖으로 나오자마자 이 돈은 사라져 버렸다. 마치 판타지 동화를 읽는 듯하지만, 법정 재판의 자료로 고스란히 남아 있으니 믿을 수밖에 없다. 1682년 그리스도교의 성신강림대축일에 마귀는 다시 막스에게 나타나 말을 걸었다. 그는 막스에게 마법을 배우라고 하는 동시에 교회의 삼위일체를 부정하라고 지시했다. 이때부터 막스는 교회의 모든 성인과 성모 마리아를 부정하고 마귀에게 기도하기 시작했다.

막스의 자백은 사실일까? 만약 사실이 아니라면, 그는 왜 이런 동화 같은 이야기를 지어낸 것일까? 주목할 만한 점은, 막스가 진술한 자백과 유사한 내용이 폴란드와 라이프치히의 기록보관실에도 남아 있다는 것이다. 당시 사회상을 반영한 집단 히스테리의 표현이었을까? 필자는 두 가지 해답을 제시하고 싶다. 첫째, 마녀로 잡혀 오면 법정에서는 이미 규정된 질문표의 양식에 맞추어 심문하고 자백을 강요했기 때문에 비슷한 답변이 쏟아져 나올 수밖에 없다. 막스 역시 개인적인 성장 과정을 뺀 다른 진술들은 정해진 양식에 맞추어 대답한 것으로 보인다. 두 번째는 현실 부정이다. 막스는 어릴 적부터 수도사의 사생아라는 이유로 현실을 부정하고 환각 효과가 있는 약초 등을 통해서 이미 다른 세계에 빠져 살다 보니 이런 자백을 한 것은 아닐까 추측할 수도 있다.

어린이
마녀사냥

마녀사냥의 광기, 어린이에게까지 번지다

어린이 마녀사냥에 대해서는 독일의 라우^{Kurt Rau} 교수와 베버^{Hartig} ^{weber} 교수가 많은 연구를 남겼는데, 그중 라우 교수는 1618~1730년에 아우크스부르크에서 일어난 어린이 마녀사냥을 논문으로 발표하였다. 당시 7~10세의 남녀 어린이 45명이 마술을 부린다는 이유로 마녀로 몰려 재판에 넘겨졌는데, 훈계 차원의 가벼운 벌을 받은 아이도 있지만 대부분의 아이가 사형선고를 받았다. 베버 교수는 1660년경 독일 로이트링겐^{Reutingen}에서 일어난 마녀사냥과 1675~1689년에 잘츠부르크에서 일어난 어린이 마녀사냥을 연구하여 책으로 출간하였는데, 특히 이 책은 17세기 유럽의 어린이 마녀재판에 대해 소상히 밝혀낸 연구서로 평가받고 있다.

그 외에도 다른 많은 사료가 남아 있고 연구 또한 계속되고 있다. 독일 뷔르츠부르크 기록보관실에는 1627~1629년에 10세 미만의 어린이 27명을 마녀로 몰아 불에 태워 죽였다는 기록이 남아 있다. 슈투트가르트Stuttgart의 기록보관실에도 비슷한 내용의 문서가 남아 있다. 17세기에 열린 마녀재판에서 192명이 마녀로 몰려 재판에 넘겨졌는데, 대다수가 7~10세의 아이였고 가장 어린 아이가 5세였다. 대부분 고아이거나 편부모 가정 또는 어머니나 아버지가 마녀라는 이유로 교회에서 따돌림을 당하는 아이들이었다. 정상적인 가정의 아이는 드물었고 고아 아니면 찢어지게 가난한 집 아이가 대다수였다.

마녀로 몰린 아이 중에는 불우한 가정에서 자란 아이가 많았다. 하지만 실제로는 가족이 있든 없든 가리지 않았으며 독일에만 국한된 것도 아니었다. 그 근거로 프랑스와 스위스에서는 14~15세기 초까지는 어른(특히 여자) 위주의 마녀사냥이 진행되었지만 15~16세기로 넘어갈 즈음에는 서로 원수지간이 된 사람들이 조금만 싸워도 이웃을 마녀라 고발할 정도로 마녀사냥이 난무했고 급기야 8~12세가량의 어린이들에게까지 그 광기가 번졌다.

1654년 스위스의 한 지방에서 일어났던 이야기이다. 이 마을에 사는 8~12세 사이의 어린이 15명이 마녀로 몰려 재판에 넘겨졌고 지방법원은 이 아이들에게 사형 판결을 내렸다. 주민들은 아이들의 사형을 막기 위해 루체른의 카라파Capara 대주교에게 도움을 요청하였다. 다행히 이 문제는 1654년 교황 인노첸시오 10세(Innocentius X, 재위 1644~1655)와 7명의 추기경이 동참한 7월 회의의 안건으로 상정되었다. 하지만 유감스럽게도 이 회의에서조차 아이들에게 유죄 판결이 내려졌다. 그 대신 판결을 내린 어른들은 아이들을 죽이는 과정에서 두 가지 자비심(?)을 보여 주었다. 이 아이들을 어른들처럼 공개 장소인 광장에서 처형하지 않고 비공개 장소에서 일단 숨을 끊은 후 화형에 처하겠다는 놀라운 자비(?)였다.

비공개 장소는 목욕탕이었다. 사형집행인들은 아이들을 미리 따뜻한 물속에 넣어 피를 잘 돌게 한 다음 혈맥을 끊어 죽이는 방법을 택했다. 이 방법이라면 아이들이 고통을 덜 받고 빨리 죽을 수 있다고 생각한 것이다. 이 아이들이 죽었기에 (실제로 있지도 않던) 마녀가 이들의 고향에서 사라졌는지는 알 수 없지만, 몸서리쳐질 정도로 잔인한 일이었음은 부인할 수 없다.

다른 지방의 예를 보자. 1655년 4월 알렉산데르 7세(Alexander VII, 재위 1655~1667)가 인노첸시오 10세의 후계자로 교황에 선출되었다. 이때도 교황의 주도하에 어린이 마녀재판에 대한 회의가 열렸다. 그렇지만 알렉산데르 7세는 인노첸시오 10세와는 다른 판결을 내렸다. 마녀로 몰린 아이들을 죽이는 대신 경건한 신앙을 가진 위탁가정으로 보내어 종교적인 소양을 쌓게 하라고 지시한 것이다. 그는 아이들의 경제적인 자립을 위해 위탁 가정에서 생활비를 벌 수 있도록 조치하기도 했다. 마녀로 몰려 죽임을 당할 뻔한 아이들은 알렉산데르 7세 덕택에 생명을 건짐은 물론 삶의 터전까지 잡을 수 있었다. 당시 어린이 마녀재판에 관여했던 프란치스코(Franzisko, 1593~1684) 주교가 죽기 1년 전 이런 기록을 바티칸에 남겨 두었기에 이 마녀재판은 후세에 구체적으로 드러나게

마녀사냥의 광기는 순진무구한 아이들에게까지 그 손길을 뻗쳤다.
환상과 현실을 구분하지 못하는 아이들의 진술에 내몰려
많은 아이와 어른이 목숨을 잃었다

되었다.

가상세계와 현실세계를 착각한 아이들의 자백

그렇다면 아이들은 왜 이렇게 마녀에 대한 상상의 날개를 펼친 것일까? 라우 교수는 그 당시 유럽 전역에 퍼졌던 집단적인 마녀사냥의 광기가 아이들의 세계로 자연스럽게 흘러들어 갔으리라 추측한다. 또한 광장에서 어른들이 예사로이 사람을 죽이는 광경을 아이들도 스스럼없이 보게 하였던 사회적 환경 역시 문제라고 주장했다.

1561년부터 1652년 동안 독일 로텐부르크^{Rotenburg}에서 일어난 어린이 마녀사냥을 연구한 로프란츠^{Rofranz} 박사는 다음과 같은 의문을 제기했다. "거리를 떠돌다 단순한 도둑질로 붙잡혀 온 아이들이 왜 자신이 마귀와 접촉했고 그들과 함께 마녀 춤까지 추었다고 했을까? 또 어떤 아이는 왜 스스로 자신이 마녀라고 주장했을까?" 그는 이 질문의 해답이 당시의 사회상과 관련이 있다고 판단하며 다음과 같은 근거를 제시하였다. "혼자 거리를 떠돌며 구걸로 연명하느니 차라리 감옥으로 가서 숙식이라도 해결하고 싶다는 심리가 작용했다." 즉 단지 배불리 먹고 싶다는 소망 때문에 아이들이 일부러 거짓 진술을 천연덕스럽게 했다는 것이다. 이런 아이들의 진술을 그대로 믿은 어른들은 그야말로 '거룩한 종교재판'에 아이들을 넘긴 후 그들의 기준대로 죽인 것이다. 굶고 싶지 않다는 마음에 거짓 진술을 한 것인데, 그 때문에 스스로 생명을 내어준 결과가 되었으니 애통하기 그지없다.

요즘 시대에도 이런 아이들의 모습은 흔하게 찾을 수 있다. 한 예로 TV 방송에서 어떤 학자가 컴퓨터 게임에 중독된 요즘 청소년들에 대해 다음과 같이 언급한 적이 있다. "청소년들이 사람을 아무렇지도 않게 죽이는 잔인한 게임에 지나치게 중독되다 보면 사람이 죽는다는 것에 대해 아무런 감정을 느낄 수 없는 반사회적 성향이 강해질 수 있다. 또 이런 자극이 점점 강해지면 가상 세계가 아닌 실제 세계에서도 사람의 목숨쯤은 아무것도 아닌 것으로 느낄 수 있다. 그렇게 되면 언젠가는 사람을 죽여도 별것 아니라는 무시무시한 생각을 실천할 수 있을지도 모른다."

당시는 눈만 뜨면 주변 사람들이 마녀 이야기를 하던 시대였고 거의 매일 광장에서 마녀로 몰린 사람들을 죽이던 때였다. 사형 집행일에는 마치 축제일인 양 어른이나 아이 할 것 없이 광장에 몰려 그 모습을 구경했으니, 앞서 언급한 학자의 말처럼 어쩌면 당시 어린이들은 사람을 죽이는 것이 파리와 같은 미물을 죽이는 것처럼 별것 아닌 일로 생각하며 그 잔인함을 분간하지 못했을 수도 있다. 하지만 그렇다고 아이들을 죽이기까지 한 처사는 여전히 이해하기 어렵다.

아홉 살 소녀 크리스티네의 죽음

다음은 스웨덴의 북쪽 어느 마을에서 일어난 어린이 마녀재판을 소개한다. 스톡홀름 왕족의 위탁을 받아, 무려 300여 명의 어린이를 심문한 사건이다. 이 심문 끝에 어린이들이 호명한 70여 명의 여자가 마녀로 몰려 불에 타 죽었다. 15명의 아이도 함께 불에 타 죽었는데, 마녀집회에 함께 참석했다는 것이 그 이유였다. 9~12세의 어린이 36명도 같은 혐의로 심판을 받았는데, 이들은 1년간 일요일마다 교회 문 앞에서 자신의 죄를 뉘우치며 속죄하는 벌을 받았다. 9세 이하의 어린이 20명은 세 번째 주 일요일에 매를 맞는 벌을 받았고 47명의 어린이는 다행히 혐의에서 풀려났다. 이 아이들이 재판 중에 얼마나 심한 공포를 느꼈을까? 마녀재판에 넘겨져 있지도 않은 마녀와 연루되었다는 판결을 받은 후 죽은 아이들은 물론, 목숨은 건졌지만 교회 앞에서 당했을 모욕적인 처벌이 그들의 성장 과정 중에 얼마나 큰 상처로 남았을지는 짐작도 할 수 없다.

크리스티네(Christine Teipel, 1621~1630)는 독일 오버키르헨 Oberkirchen이라는 도시에서 태어나 아홉 살의 어린 나이에 마녀로 몰려 죽은 소녀이다. 그녀는 심문당하면서 마녀와 연관된 15명의 이름을 자백한 후 이들과 함께 밤마다 마녀집회에 참석했다고 말하였다. 그 결과 8명의 남자와 6명의 여자 그리고 한 아이가 참수당했다. 그 이후에도 마녀로 몰린 이들의 자백은 쏟아졌고 이에 연루된 58명이 모두 화형당했다. 이들 중 22명은 남자였고 아이도 2명 포함되어 있었다. 당시 사람들은 이렇게 아이들의 자백을 한 점 의심하지 않고 그대로 받아들였으며 그 내용만으로도 사람들을 죽였다.

귀족들도
비껴가지 못한 광기

전통귀족 안나 이야기

독일인의 이름에 폰^{von}이 들어가면 전통귀족 출신이라는 뜻이다. '전통'이란 말을 붙이는 이유는 후에 생긴 도시귀족과 구분하기 위해서이다. 도시귀족은 중세기에 상업을 통해서 부자가 된 이들로 전통귀족과는 생성 과정부터 다르다. 이 이야기의 주인공 안나는 이름에 폰이 붙는 전통귀족이었는데, 그녀도 마녀사냥의 광기를 피해가지 못했다.

그래도 전통귀족들은 민중과 비교하면 마녀사냥에서 비교적 적게 희생당한 편이었다. 이 점은 오스트리아 동남쪽에 있는 도시 슈타이어마르크^{Steiermark}에서도 마찬가지였다. 마녀로 고발이나 밀고를 당했더라도 귀족 신분이기 때문에 하층민처럼 쉽게 고문을 당하지도 않았다. 앞의 몇몇 이야기에서도 볼 수 있듯이 권력을 가진

자들은 마녀 혐의에서 비교적 쉽게 벗어나는 편이었다. 사학자 볼프의 연구에 의하면 이들은 재판에서 사용될 증빙서류들을 미리 빼돌려 자취를 없애는 식으로 혐의를 피해 나갔다. 하지만 대 반역 죄를 저지른 경우는 귀족일지라도 꼼짝없이 법정에 끌려갔다. 그렇다면 전통귀족 안나 노이만(Anna Neumann von Wasserleonburg, 1535~1623)은 어쩌다 마녀로 몰렸을까?

안나는 결혼을 여섯 번 했다는 이유로 마녀로 지목되었다. 그녀는 신교도였지만 그중 네 번은 구교 신자와 결혼하였다. 왜 이 시대에는 개인의 사적인 영역인 결혼까지 이토록 구교와 신교를 구분한 것일까? 당시는 루터가 종교개혁을 한 지 얼마 되지 않았을 때로 집안 대대로 구교를 믿던 사람이 하루아침에 신교를 믿는다거나 신교도가 구교도와 결혼한다는 것은 무척 심각한 죄(그 반대의 경우도 마찬가지)에 속했다. 당시는 구교와 신교의 편 가름이 심했고 서로 간의 싸움도 잦았다. 21세기에도 종교가 다른 사람끼리 가족이 되면 다툼이 일어나는 마당에, 당시로서는 상상도 못 할 일이었을 것이다. 더구나 여자가 여섯 번이나 결혼한다는 것은 드문 경우였기 때문에 그런 사회적인 시선도 무시할 수 없었다.

이런 분위기에서 그녀에 대해 좋지 않은 소문이 돌기 시작한 것은 어찌 보면 당연한 일이었다. 거리에서는 그녀가 하늘을 날아다닐 뿐 아니라 다른 사람과 달리 흰색의 간을 가졌으며 마법을 부려 날씨를 바꾼다는 소문이 돌았다. 그녀와 결혼한 남자들은 모두 그녀의 마법 때문에 일찍 죽었다는 무시무시한 말도 나왔다. 그녀는 세 번이나 마녀로 고발당했지만 귀족 신분이었던 터라 쉽게 재판에 넘겨지지는 않았다. 그러다 1594년, 한 용감한 시민이 나서서 그녀를 마녀라고 고발했다. 하지만 안나는 이번에도 자신의 모든 권력을 동원하여 체포를 피했다. 앞의 시민을 용감하다고 칭한 것은, 안나가 자신을 밀고했던 사람 중 두 명을 오히려 죄인으로 몰아 죽인 적이 있기 때문이다. 1591년과 1603년에 거지 람브레히트Lambrecht와 게뮈드Gemued가 그녀를 마녀로 고발했지만, 오히려 그들이 사형에 처해진 바 있다. 이후로도 안나는 몇 번이나 마녀로 고발당했지만, 그때마다 용케 벗어나 88세라는 천수를 누린 후 그녀의 성에서 죽음을 맞았다. 그녀가 죽은 후 무르나우Murnau의 한 교회에 안치되었다는 기록이 있는 것으로 보아 상당히 높은 신분의 귀족이었던 것 같다.

엄격한 신분사회였던 중세에서 거지가 귀족을 고발했다는 사실 자체는 역사적으로 매우 높이 살 일이다. 가진 것이 있는 사람들은 자신의 것을 잃을까 두려워 감히 그녀를 고발할 수 없었지만, 그들은 잃을 것 없는 혈혈단신이었기에 전통귀족을 고발할 수 있었을지도 모른다. 그녀가 진짜 마녀였는지 아니었는지는 알 수 없다. 하지만 인간이라면 할 수 없는 잔인한 행동을 하였기 때문에 그녀를 마녀로 몰았던 것은 아닐까? 짐작건대 그녀는 마녀는 아닐지라도 표독스럽거나 인간적이지 못한 면이 있었을 수 있다.

도시귀족 카타리나 헤노트

쾰른은 16~17세기 독일에서 가장 큰 도시로 이름을 날렸던 곳으로, 당시 인구 밀도가 약 4만 명에 이르렀던 독일 최고의 도시였다. 이번 이야기의 주인공은 쾰른에 살았던 도시귀족 카타리나 헤노트(Catharina Henot, 1570/1580~1627)이다.

카타리나의 아버지 야콥 헤노트는 가족과 함께 쾰른으로 이주한 노동자로, 처음에는 비단을 염색하는 일을 하였지만 나중에는 단체장까지 맡을 정도로 성공한 자수성가형 인물이다. 그는 1578년부터 탁시스Taxis 가의 도움으로 쾰른의 우편장 자리에 오르면서 사회적으로 더욱 지위가 오르기 시작했다.

지금은 폰 투룬 운트 탁시스von Thurm und Taxis로 불리는 탁시스 가문은 독일뿐만 아니라 유럽의 명망가로 손꼽히고 있다. 이 가문은 1748년부터 독일 레겐스부르크에 있는 한 성에서 살고 있는데 그들의 일거수일투족이 독일과 유럽 매스컴의 주목을 받고 있다. 이들은 16~18세기에 우편업으로 많은 돈을 벌면서 계속 신분을 높여간 가문이다.

당시의 우편장이 어느 정도 지위인지는 잘 모르겠으나 이런 직업을 가지게 된 것에 '출세karriere'라는 단어가 붙는 것으로 보아 대단한 직책이었던 모양이다. 하지만 그는 만족하지 못하고 총우편장까지 해야겠다는 욕망에 사로잡혔다.

그 때문인지 1595년부터 도움을 주었던 탁시스 가와 갈등이 일기 시작한다. 그 결과 탁시스 가는 1603년 다른 가문에게 우편업을 넘겨버린다. 이 사건은 헤노트 가와 탁시스 가가 20년 가까이 법정 싸움을 하게 한 단초가 되었다. 지루한 싸움 끝에 1623년, 페르디난트 2세(Ferdinand Ⅱ, 1619~1637)가 우편업을 헤노트 가문에게 돌려주라고 탁시스 가에게 명한 덕분에 헤노트 가는 다시 우편업에 뛰어들 수 있었다. 아버지 야콥은 자신의 많은 자식 중 카타리나와 하르트거Hartger에게 우편업을 전적으로 맡겼다. 원하는 바를 이루었으니 욕심은 그만 부려도 좋으련만, 어렵게 되찾은 우편업이 안정기에 들어가자 이들은 20년 가까이 재판을 치르면서 사용한 비용을 탁시스 가에 청구까지 하였다.

1625년 11월 17일, 아버지 야콥이 94세로 사망하였지만 그들은 아버지의 죽음을 비밀에 부쳤다. 이 소식이 알려지면 탁시스 가가 자신들을 다시 우편업에서 밀어내버릴지도 모른다는 불안감과 두려움 때문이었다. 이들은 아버지가 살아 있는 것처럼 그의 서명을 날조하여 계속 우편업을 하였지만 얼마 지나지 않아 들통이 났다. 이 사실을 알았으니 탁시스 가가 가만있을 리 없었다. 그러자 카타리나와 하르트거는 자식으로서 아버지의 뒤를 이어 우편장의 직업을 계속할 수 있게 해달라고 법에 호소했다. 하지만 법은 1626년 10월 19일, 탁시스 가의 손을 들어주었다.

그런 가운데 우편업이 아닌, 전혀 다른 곳인 글라라 수녀원에서 생각지도 못한 이상한 소문이 퍼지면서 헤노트 가는 위험한 상황에 빠지게 된다. 과부였던 카타리나 헤노트는 남동생 하르트거와 함께 자신의 딸 안나 마리아Anna Maria가 수녀로 있는 글라라 수녀원 옆에 딸린 작은 집에서 살고 있었다. 이상하게도 이 수녀원의 수녀들에게는 신들린 현상이 자주 나타났고 그때마다 신부들이 귀신을 쫓아내는 예식을 거행하였다. 그런데 어느 날, 신들린 수녀들이 카타리나 헤노트가 마녀라서 자신들을 신들리게 했다는 주장을 하며 카타리나를 고발한 것이다. 우편업 일화 때문에 카타리나를 욕심 많은 사람으로 생각할 수도 있지만, 사실 그녀는 쾰른에서 종교적으로 경건한 여자로 알려진 데다 평소에 상당한 자선을 베푸는 사람이라고 평가받고 있었다. 그럼에도 카타리나가 마녀라는 소문은 삽시간에 도시 전역으로 퍼져 나갔다.

쾰른의 대주교는 헤노트 가를 돕기 위해 갖은 힘을 동원하였다. 심지어 그녀를 밀고한 수녀들을 무고죄로 법정에 세우겠다고 협박했으나 소문은 가라앉지 않았다. 아마도 대주교가 힘이 없었던 모양이다. 그녀의 가족과 친척들도 그녀에게 죄가 없다며 그녀를 방면하기 위해 여기저기 힘을 썼으나 소용없었다. 결국 카타리나는 1627년 마녀 혐의로 법정에 설 수밖에 없었다. 설상가상으로 1627년 말에는 카타리나의 여동생 빌헬미네Wilhelmine Margarethe Franziska도 마녀로 몰려 체포당했다. 그녀 역시 무죄를 주장했지만 역부족이었고 심한 고문까지 당했다. 1627년, 이들은 결국 교수형을 당하였고 시체는 불에 태워졌다. 카타리나의 재판과 죽음은 쾰른에서 일어난 대표적인 마녀사냥이었다. 그 외에도 쾰른에서는 1627~1630년에 33건의 마녀재판이 열렸고 그 결과 24명의 여자가 죽임을 당하였다.

몇백 년이 흐른 1989년, 쾰른 시에서는 뒤늦게나마 카타리나의 넋을 위로하고자 그녀를 위한 기념 조각상을 세웠다. 카타리나가 1627년 3월 16일에 쓴 옥중편지는 17세기의 마녀사냥에 관한 귀중한 자료로 평가받고 있으며, 그녀의 편지를 토대로 수많은 연구가 진행 중이다.

수녀원의
신들림 현상

비르기트 수녀원에 전해지는 마녀 이야기

이번에는 미사를 알리는 종소리만 드문드문 들릴 뿐, 대부분은 고요한 정적이 감돌던 독일 브레멘^{Bremen}의 비르기트 수녀원^{Birgittenkloster}의 이야기를 살펴보자. 수녀들의 일상은 자신이 맡은 일을 하다 종이 울리면 하던 일을 멈추고 기도하기 위해 교회로 향하는 것이 대부분이다. 하지만 어느 날부터 일상에서 벗어난 기이한 일들이 비르기트 수녀원 안에서 일어나기 시작했다. 주로 젊은 수녀들 때문이었다.

나이 든 수녀들이 정원에서 일하는 동안 젊은 수녀들, 특히 수련수녀들은 수도원 안에서 재봉이나 금욕적인 기도 등에 참여했다. 젊은 수녀들은 바깥 생활에 대한 동경이 매우 강했지만 울타리가 쳐진 제한된 공간에서 생활하다 보니 이들의 바깥 체험은 주로 꿈속에서 벌어지는 경우가 많았다. 이런 중에 마리^{Marie}라는 수녀가 심리적으로 무거운 착란 증상을 보였다. 오늘날이라면 망상이 깊어 일어난 우울증으로 진단하였겠지만, 누차 언급했듯이 1613년의 중세에서는 이 모든 것을 마귀의 짓으로 여겼다.

마리 수녀는 마귀를 베엘제붑(Beelzabub, 악마의 왕)이라고 불렀다. 그녀는 착란 증상을 일으킬 때마다 자신의 입을 통해 마귀의 요구를 말하고 대답하는 1인 2역을 했는데(한국의 무당이 신내림 후 보여주는 모습과 비슷하다고 생각하면 쉽게 이해가 갈 것이다), 그녀는 이런 방법으로 동료 수녀는 물론이고 예수에게도 욕을 해댔다. 날이 갈수록 심해지는 그녀의 히스테릭한 경련과 음란한 몸짓 때문에 결국 사제들이 특별한 기도와 예식을 통해서 그녀 안에 든 마귀를 쫓아내야 할 지경에 이르렀다.

문제는 마리 수녀만이 아니었다. 그녀의 증상이 전염병처럼 다른 수녀들에게 옮겨갔다는 것이 더 큰 문제였다. 특히 수련수녀 둘과 나이 든 수녀 한 명에게 이런 증상이 두드러지게 나타났다. 거듭 이야기했지만 당시는 수녀가 되는 것을 신의 부름, 즉 소명에 의한 것이 아니라 집안의 어려운 경제적 사정 혹은 혼인 지참금을 마련할 수 없어서 등의 이유로 부모들이 등 떠밀어 온 경우가 대부분이었기 때문에 성적 욕망이 큰 수녀들에게는 수도 생활이 지옥이나 마찬가지였다. 그들은 수녀원 생활을 견디지 못하고 자주 탈선을 했다. 그래서 중세 수녀원의 집단 히스테리에는 성적인 요소도 가미되었다고 역사가들은 해석하고 있다.

신들린 3명의 동료 수녀들은 마리 수녀가 비밀스럽게 마귀와

중세 유럽 당시의 수녀들은 그림 속 경건한 수녀처럼 성소의 부르심으로
수녀가 된 것이 아니라 집안의 강요로 수녀가 되는 경우가 많았다.
본인의 뜻과는 상관없이 갇힌 공간 안에서 살아간 수녀들이
유독 신들림이 잦았던 것도 이런 배경과 무관하지 않다

소통하고 있다고 주장했다. 이 때문에 마리 수녀에게는 경건한 수녀원 안에 마귀를 불러들여 수녀원의 분위기를 망쳤다는 죄목까지 추가되었다.

결국 마리 수녀는 1613년, 마녀로 몰려 재판에 넘겨졌다. 처음에는 자신이 마녀가 아니라고 주장했지만 곧 재판관들이 원하는 자백을 하기에 이르렀다(자백하기에 앞서 얼마나 심한 고문을 받았는지는 말하지 않아도 알 것이다). 마리 수녀 역시 다음과 같은 환상 속의 이야기를 늘어놓았다. "마귀에게 나의 몸과 마음을 바쳤습니다. 하는 일마다 마귀에게 보고했습니다. 또한 그는 동료 수녀들의 정신을 혼란스럽게 만들라며 내게 마술 약을 주기도 했습니다." 그녀는 마귀 예식에서 나오는 왁스로 만든 기구들을 가져와 수녀들에게 주기도 했는데, 이 기구들 때문에 수녀들의 성적인 자극이 심해졌다는 이야기도 하였다. 이런 자백은 마녀로 잡혀 온 이들이 늘어놓는 틀에 박힌 자백과 다를 바가 없었다.

수녀원의 분위기는 엉망진창이 되었다. 수녀원의 질서를 바로 잡기 위하여 수녀원장은 이 문제를 주교좌 법정인과 상의했다. 그 결과 마리 수녀는 수녀원에서 쫓겨나게 되었다. 하지만 마귀 베엘제붑의 망령은 여전히 수녀원 안을 맴돌며 다음 희생자를 찾고 있었다. 비르기트 수녀원의 마녀 이야기가 여기서 끝나지 않았기 때문이다.

이번에는 수련수녀의 이야기이다. 수녀원 안의 오두막에서 홀로 살고 있던 수련수녀 시몬느^{Simone Doutlet}는 검은 수도복을 입었음에도 금발 머리카락에 외모가 빼어난, 눈에 띄는 미모의 소유자였다. 시몬느 수련수녀 역시 수녀원의 분위기에 휘말려 들었다. 즉 부모의 등쌀에 떠밀려 강제로 수녀원에 들어온 수녀들이 꿈속에서라도 이성의 품에 안기길 원한 것처럼, 시몬느 수련수녀 역시 다른 수녀들과 마찬가지로 이런 꿈을 꾸길 원하였다. 그녀는 욕망을 참지 못하고 몰래 수녀원을 떠났다가 시몬느 수련수녀가 마귀와 함께 꾸민 악한 일을 밝혀내야 한다는 원장수녀의 주장으로 곧다시 붙잡혀 와서 어두컴컴한 감옥에 갇히는 벌을 받기도 하였다. 하지만 1년 뒤 시몬느 수련수녀는 무슨 연유인지 운 좋게 감옥에서 풀려나 일반인으로 돌아갈 수 있었다.

수도원을 나온 그녀는 프랑스 북부에 있는 발랑시엥Valenciennes이라는 도시로 이주하였다. 이곳이라면 평생 자신의 과거를 들키지 않고 자유롭게 새 삶을 살 수 있으리라 생각했던 것이다. 먹고 살기 위해 가게에 취직한 그녀는 자신을 과부 소피라고 소개했다. 그녀의 미모를 알아보고 즉시 채용한 가게 주인의 예상대로 시몬느 수련수녀를 보기 위해 많은 남자가 드나들기 시작하였다. 하지만 신은 그녀가 평범한 삶을 사는 것을 허락하지 않았다. 그곳에서 그녀는 우연히 고향 릴Lille에서 어릴 때부터 함께 자란 친구를 다시만나게 되었고, 이 친구 때문에 평온하게 흘러갈 것 같은 그녀의운명이 다시 꼬이기 시작한 것이다.

그녀는 친구를 만난 것이 좋기는 하였지만, 한편으로 자신의 과거가 들통 날까 두려웠다. 이름이 장Jean인 이 남자는 대학에서 철학을 공부하던 중이었다. 시몬느 수련수녀는 장에게 자신을 소피라 부르라고 신신당부하였다. 이들의 사랑이 무르익자 남자는 여자에게 청혼을 하였다. 하지만 그녀는 자신의 과거 때문에 그의 청혼에 선뜻 답할 수 없었다. 당시는 수녀 생활을 하거나 감옥에서 지낸 것을 좋지 않게 보던 시대였다. 그리고 수녀원에서 한 서약은 수녀원을 나와 바깥세상에서 살더라도 풀리지 않는다는 교리가 그녀의 발목을 강하게 잡고 있었다.

시몬느 수련수녀는 눈물을 흘리면서 남자에게 자신의 과거를 고백했지만, 남자는 개의치 않았다. 오히려 신이 자신들을 축복할 것이라고 설득하였다. 이에 시몬느 수련수녀는 그가 누구에게도 자신의 과거 이야기를 하지 않는 조건으로 그와 결혼하였다. 하지만 장은 약속을 지키지 않았다. 그녀의 비밀을 그의 고모에게 발설한 것이다. 그는 고모에게는 이야기해도 괜찮겠지 하며 단순하게 생각했지만, 고모가 그녀의 고해신부 둠프트Doompt에게 고해성사를 하면서 말한 것이 문제가 되었다.

그 사이 비르기트 수녀원에는 새로운 히스테리 집단이 형성되었다. 사제들은 수녀들의 신들림을 쫓는 예식을 다시 행했는데, 여기서 몇몇 수녀가 수녀원을 이미 떠난 시몬느 수련수녀 때문에 자신들이 마귀에 홀렸다고 주장한 것이다. 그녀가 밤마다 자신들을 마녀집회에 데리고 갔다는 이야기도 덧붙였다.

결국 시몬느 수련수녀는 다시 체포되었다. 여기에는 둠프트 신부의 밀고도 한몫을 하였다. 왜냐하면 둠프트 신부가 이 심문에 적극적으로 참여했기 때문이다. 그녀의 심문에는 메헬른Mecheln의 주교, 도미니코회의 수도사, 드웨Douai에 있는 수도원 원장, 대학교수 대표 등 쟁쟁한 이들이 참석하였다. 둠프트 신부는 그녀에게 심한 고문과 함께 바늘 시험을 하였고 그녀의 옷을 모두 벗긴 후 마녀 흑점을 찾아내었다(물론 그녀를 마녀로 몰기 위해서라면 억지로라도 마녀 흑점을 만들 수 있던 상황이었다).

5일간 모진 고문을 당한 끝에 그녀는 그들이 원하는 자백을 하였다. 하지만 방금 한 진술들은 거짓이라고 뒤집기 또한 반복했다. 체포되어 법정에 불려온 다른 이들이 그랬던 것처럼 그녀의 운명 역시 바람 앞의 촛불이 되었다. 사형을 선고받은 후 그녀는 목에 밧줄을 걸고 초를 여러 개 든 후 맨발로 사형대에 섰다. 그녀가 죽기 전 축복의 예식이 진행되었다. 둠프트 신부가 십자가를 들고 그녀에게 다가가 엄숙한 목소리로 그녀의 죄목을 구경나온 군중 앞에서 소리 높여 낭독했다. 다른 사제들은 경건하게 성서의 시편을 노래하였다. 그녀의 영혼을 위한다는 명목으로 곧 죽을 사람을 앞에 세워 놓고 자신들은 한 편의 뮤지컬을 연기한 셈이다.

그 당시의 모습을 담은 기록을 보면, 사제들의 찬양 노래 소리가 지나치게 커서 고통 때문에 처절하게 울부짖는 시몬느 수련수녀의 목소리가 잘 들리지 않았다고 한다. 드디어 그녀의 목줄이 당겨졌고 그녀는 죽임을 당하였다. 군중도 사라졌다. 다만 사형집행인만 남아서 그녀의 시체를 뒷정리했다고 한다.

수녀원의 집단 히스테리

앞에서 이야기한 비르기트 수녀원 외에도 수녀원에서 마녀사냥이 일어난 기록은 숱하게 남아 있다. 이번에는 1611년 프랑스 프로방스Provence 지방에 있는 우르술린Ursulinen 수녀원에서 일어난,

마들렌Madeleine de la Palud이라는 젊은 수녀의 이야기이다. 그녀는 수녀
원에 들어간 직후부터 마귀 환시에 시달렸다. 그녀만이 아니라 동
료 수녀인 루이즈Louise Capeau도 함께였다. 이 두 수녀가 마귀 쫓는
사제로 유명한 도미니코 수도원장 미카엘리스Michaelis의 최측근이
었음에도 말이다. 미카엘리스 수도원장은 교황 직속의 종교재판
관으로서 프로방스 지방을 관리하는 책임자이자 이미 18명을 마
녀로 몰아 죽인 전적을 갖고 있었다.

악명 높은 종교재판관 밑에 있는 두 수녀가 이런 증상을 보였으
니 결과를 말하지 않아도 짐작이 가능하다. 결국 이들은 1611년 4
월 30일, 긴 고문 끝에 화형당했다. 한번 상상해 보자. 수녀원에서
정신적인 문제가 있는 이들을 몇 번의 심문 끝에 마녀로 몰아 불에
태워 죽인다. 친하게 지낸 동료는 물론 함께 생활하였던 동료 수녀
들이 이들의 처절한 죽음을 본 후 어떻게 편히 잠을 잘 수 있었겠
는가? 악몽에 시달리고 집단 히스테리가 생길 수밖에 없었을 것이
다. 이처럼 집단 히스테리가 생기면 또다시 신들린 수녀들이 나타
나고, 그러면 다시 재판 끝에 신들린 수녀들을 마녀로 몰아 광장으
로 끌고 가 태워 죽이는 일을 반복했다. 사형 집행장은 또 어떤가.
중세인들은 사형 집행이 있는 날을 마치 축제일처럼 여겼기에, 수
많은 군중이 모여들어 사형 집행을 지켜보았다. 축제라는 표현을
하긴 했지만, 사람의 목이 날아가고 산 채로 불에 태워지는 것을
지켜본 이들의 일상생활이 온전했을 리 없다. 수녀원뿐만 아니라
민중에게 집단 히스테리가 생겨날 가능성은 충분하다. 끝이 없는
뫼비우스의 띠처럼 악몽이 반복될 수밖에 없는 환경인 셈이다.

우르벵 신부 이야기

이 이야기는 원장수녀에게 시작된 마귀로 인한 신들림이 같은 수녀원에 사는 동료 수녀들에게로 옮겨간 일화로, 1632년 프랑스 서쪽에 있는 루덩Loudun이라는 마을의 우르술린Ursulinen 수녀원에서 일어난 사건이다. 이 수녀원에서 웅변술이 뛰어난 우르벵(Urbain Grandier, 1590~1634) 신부를 고발한 것이 사건의 시작이었다. 그는 우르술린 수녀원의 고해신부가 되어 달라는 청을 거절했기 때문에 수녀원과 사이가 좋지 않았다. 그런데 그로서는 청을 거절할 수밖에 없었다. 바로 그의 연애사건 때문이다. 우르벵 신부는 경건한 사제라기보다는 이런저런 일로 스스로 주위에 적을 만든 유형이었던 것 같다.

우르술린 수녀원의 신들린 수녀들은 자신들이 이렇게 된 것은 모두 '마녀들의 우두머리'인 우르벵 신부 때문이라고 주장했다. 또한 우르벵 신부가 예전에 수녀들이 사는 오두막집에 슬쩍 들어와서 그가 원하는 것을 수녀들에게 채우고 난 뒤 홀연히 떠난 적이 있다는 증언도 하였다. 경건한 사제인 줄 알았던 신부의 이중적인 모습에 민중은 경악했고 그는 당장 체포되어 심한 고문을 받았다. 기록에 의하면 우르벵 신부는 지나친 고문을 받아 두 다리가 이미 심하게 망가져 자신의 처형이 이루어질 광장으로 스스로 걸어 나가지도 못했다고 한다. 1634년 8월 18일이었던 그의 사형날, 광장에는 우르벵 신부가 참수되는 모습을 보기 위해 약 6000명의 민중이 모였다고 한다.

마들렌 수녀 이야기

이번에는 1642년, 엘리자베스 수녀원에서 마들렌^{Madeleine Bavent}이라는 수녀가 신들린 이야기를 알아보자. 1606년에 태어난 마들렌 수녀는 1623년 헤네킨^{Hennequin}이라는 과부가 세운 수녀원에 들어 갔다. 교황 바오로 5세(Palul V, 재위 1606~1621)와 그레고리오 15세(Gregor XV, 재위 1621~1623) 때 각각 허가를 받은 이 수녀원에 헤네킨은 원장수녀로 재직하고 있었다. 그런데 수녀원을 세운 그녀의 동기가 참으로 어처구니없다. 남을 돕거나 고아들의 교육을 위해 수녀원을 세운 것이 아니라 1622년 횡령혐의를 받고 스스로 목숨을 끊은 남편의 영혼을 구제하는 기도를 올리기 위해 수녀원을 세웠기 때문이다.

헤네킨은 다비드^{David}라는 수도신부에게 전권을 일임했고 다비드는 직분을 받은 뒤 제일 먼저 그의 연인이자 수녀인 시몬느^{Simone Gaugain}를 수녀원의 수련원장으로 임명했다. 당시 그리스도교 안에는 많은 신흥 종파가 범람했는데 여기에 속하는 종파는 일루미나타파^{Illuminatenm}와 아담파(Adamiten, 자유로운 영혼을 가진 형제자매회) 등 수없이 많다. 다비드도 이와 비슷한 종파를 추종하는 신부였다. 이들의 믿음체계는 기존 구교에서 말하는 교리와는 약간 다르다. 물론 신흥 종교나 신흥 종파가 모두 나쁜 것은 아니다. 기존 종교의 부패와 타락을 지적하기 위해 만들어진 신흥 종교나 신흥 종파도 있기 때문이다. 그러나 기이한 교리를 짜깁기해서 만든 신흥 종교나 신흥 종파는 세간의 문제를 일으켰는데 다비드가 추종하는 세력은 후자에 속했다.

다비드가 추종하는 종파에서 말하는 교리는 다음과 같다. "죄는 다만 죄로써 다스려야 하고 수녀들은 서원하면 반드시 가난을 실천해야 한다." 가난을 실천하라는 교리는 언뜻 듣기에는 나쁠 것이 없다. 문제는 속뜻이다. 이 종파는 서원한 수녀의 모든 것, 말하자면 수녀의 몸까지도 완전하게 수도사에게 귀속해야 한다는 이상한 논리를 내세웠다. 이 이상한 논리 때문에 마들렌 수녀에게도 기이한 일이 벌어졌고, 다비드 신부에 대해 동료 바레^{Barre} 수녀를 비롯하여 다른 수녀들의 고발이 이어졌다. 마들렌은 그녀의 고해 신부에게 다음과 같이 고백했다.

"저의 불행은 다비드 신부에게서 비롯되었습니다. 그는 신을 모독하는 나쁜 사제입니다. 다비드 신부는 수녀들에게 이상한 행동을 시켰습니다. 가장 모범적이고 심신 깊은 수녀에게 교회에서 나체로 춤을 추며 노래를 부르게 했고 심지어 그 상태로 정원을 거닐게 했습니다. 저는 그가 밀가루 반죽으로 만든 상징물을 가지고 할례를 하는 모습도 보았습니다. 언젠가는 제 옷을 허리춤까지 벗기려고 하여 완강히 거부한 적도 있습니다. 다비드 신부는 제가 자신의 말에 순종하지 않는다며 폭력적인 수녀로 몰았습니다. 저는 교회 수장들에게 도움을 청하고 싶었지만 그럴 수가 없었습니다. 수녀원장과 수련원장이 나를 적대시했기 때문입니다. 다비드 신부는 자신의 성적인 만족을 채우는 것 외에 다른 것은 아무런 관심도 없는 사람입니다."

이런 엄청난 죄를 지었음에도 다비드 신부는 재판은커녕 고발도 당하지 않고 천수를 누리다 1628년에 사망하였다. 그는 죽기 전에 마튀랭 피카르^{Mathurin Picard} 신부를 자신의 후계자로 세웠는데, 그는 마침 수녀원의 고해신부 직책을 맡고 있었다. 그런데 한술 더 떠 피카르 신부는 마들렌 수녀를 임신시켰다. 그러고는 마들렌 수녀에게 비밀스럽게 아이를 낙태하라고 지시했다(아이에 대한 자료는 남아 있지 않아서 아이를 낳았는지 아닌지는 알 수 없다).

피카르 신부 역시 다비드 신부처럼 신앙보다 욕망에 눈이 먼 자였다. 수녀들이 그에게 고해성사 하는 동안 그는 수녀들의 손을 자신의 성기에 가져다 놓길 반복했고 수녀들이 거부하면 힘으로 눌러 피할 수 없게 하였다. 그의 이런 만행 때문에 수녀원에서 나갈 수 없는 수녀들에게는 수녀원이 곧 지옥이나 마찬가지였다. 이런 생활이 계속되다 보니 마들렌 수녀를 비롯한 다른 수녀들의 영혼은 말할 수 없이 피폐해져 갔다. 피카르 신부는 자신의 양심을 속이면 아파하는 영혼과도 거리가 멀었다. 그는 유언장에 '나는 마녀의 수장이다'라고 적을 정도로 오만한 남자였다. 마들렌 수녀는 그가 자신을 교회의 제대 앞으로 불러내어 그곳에서 강간을 하기도 했다고 고백했다. 사제라는 허울을 쓰고 욕정을 제어하지 못했던 피카르는 1642년에 죽었다.

이즈음 마들렌 수녀는 심각한 환시에 시달리며 히스테리적인 경련까지 일으켰다. 중세의 신비가들이 그랬던 것처럼 에로스적인 환시를 표현하기도 했고 자신이 마귀와 소통하고 마녀집회에도 참석했다는 이야기를 털어놓았다. 다비드 신부와 피카르 신부 때문에 생겼던 상처가 결국 곪아 터져 나왔던 모양이다.

당시 교구의 주교였던 프랑수아^{François de Pericard}는 수녀원에서 일어난 일을 대부분 알고 있었지만 그리 대수롭지 않게 생각하였다. 하지만 피카르 신부가 죽고 그의 만행이 본격적으로 외부에 드러나자 이 사건이 매우 심각하다는 것을 인지하였고 해결을 위해 직접 나서게 되었다. 사람들은 죽은 피카르 신부가 마귀였다고 단정했다. 근거는 없다. 정신병 때문에 했을지도 모를 행동을 무조건 마귀가 쓰인 탓이라고 단정했고 필요하면 죽은 사람도 탓할 뿐이었다. 예를 들어 일이 잘 풀리지 않으면 조상 묘를 잘못 써서 그렇다고 요즘 사람들이 말하는 것과 다를 바가 없는 셈이다.

  피카르 신부는 수녀원의 묘지에 묻혔는데 이 소식을 들은 프랑스 북서부의 도시 에브뢰Evreux의 주교가 피카르 신부의 무덤을 파서 시신을 꺼내라고 명했다. 그의 시신이 수녀원을 떠나면 신들린 사람들이 괜찮아질 것이라고 주교는 주장했다. 하지만 이런 시도에도 신들린 현상은 수그러들지 않았다. 그러자 다른 신들린 수녀가 피카르 신부뿐만 아니라 다른 사람도 연루되어 있다고 주장하면서 토마스 불Thomas Boulle이라는 보좌신부와 마들렌 수녀를 고발하였다. 사실 이 신들린 수녀는 여러 번 임신하였고 마녀집회에서 자신이 낳은 아이들을 십자가에 못 박았으며 그 아이들을 죽인 후 태워 그 재로 마녀연고를 만들었다는 사람들의 증언으로 마녀재판에 넘겨진 상태였다. 마녀로 의심받는 수녀가 고발한 토마스 불 보좌신부는 당장 죽임을 당하였다.

  마들렌 수녀 역시 재판 중에 쓰고 있던 베일이 벗겨지고 머리카락을 빡빡 깎였으며 처절한 고문을 당하면서 자백을 강요당했다. 하지만 그녀는 자신은 아무 죄가 없으니 어떤 자백도 할 수 없다고 강경하게 버텼다. 3월 12일, 그녀는 일주일에 수요일, 금요일, 토요일 3일만 물과 빵을 먹고 평생 감옥에서 살라는 판결을 받고 감옥에 투옥되었다.

당시 그녀가 투옥되었던 감옥은 감옥 중에서도 최악의 상태였다. 오물 냄새가 진동하였으며 지저분한 데다 어두컴컴해 마치 동굴 같은 곳이었다. 처참함을 견디다 못해 그녀는 몇 번이나 자살을 시도했다. 칼로 자해를 하였지만 모진 목숨은 끊어지지 않았다. 칼을 복부에 박아서 4시간 동안이나 칼날을 조금씩 더 몸 안으로 밀어 넣기도 했고 유리병을 잘게 부수어 숟가락에 얹어 먹기도 했다. 감옥 안에 서식하는 해충과 벌레를 보이는 대로 집어 먹기도 하였다. 하지만 나중에는 모든 것을 포기하고 굶어 죽기로 작정했는지 음식을 거부하였다. 이런 상태에서 그녀는 환시를 보고는 하였다. 한번은 그녀가 쥐약을 먹으려고 하자 천사가 나타나 그 약을 먹지 못하게 명령했다고도 한다. 이런 모습으로 5년간 살던 그녀는 결국 스스로 죽음을 택하며 생을 마감하였다.

그 뒤로도 여전히 수녀원의 수녀들에게는 신들린 증상이 나타났다. 그러자 시에서는 수녀원에 무언가가 더 있을 거라고 의심하며 관찰했지만 별다른 단서를 찾지는 못하였다. 사실 신들린 수녀를 전부 마녀라고 칭하지는 않았다. 자신이 마녀라고 자백했을 때에만 마녀라고 칭했다. 무슨 차이가 있을까 싶지만, 중세의 민중은 기본적으로 신들린 사람들은 스스로 그렇게 된 게 아니라 마귀의 희생물이라고 가엾게 여겼기 때문에 다소 동정적인 이상한 해석을 내린 것으로 보인다.

레나타 수녀의 재판 이야기

사학자 볼프는 한 예수회 신부의 밀고로 시작된 레타나 수녀 이야기에 이런 주석을 달았다. "독일의 수녀원에서 일어난 마지막 마녀사건이 아닐까?"

18세기 중엽인 1749년, 70세의 레나타(Maria Renata Saenger von Mossau, 1680~1749) 수녀는 뷔르츠부르크 부근의 운터젤Unterzell 수녀원의 원장으로 재직하고 있었다. 그녀는 변덕이 심했다. 그녀의 성향으로 치부할 수 없었던 이유는 그녀가 정신적으로 문제를 갖고 있었기 때문이다. 레나타 수녀는 어릴 때부터 멍청하고 어리숙한 아이였다. 그러다 한 고급관리를 운명적으로 만나게 되면서부터 마술의 세계에 빠져들었다. 어리숙하고 멍청했지만 마술에는 탁월한 재능이 있었던 것인지, 그녀는 열두 살에 마녀 그룹에서 장으로 발탁되었고 어둠의 제후 왕관을 쓰기도 하였다. 하지만 19세가 되었을 때 부모의 강압으로 프레몽트레Praemonstratenser 수녀원으로 들어갔다.

수녀원에 입소한 후 그녀는 조용하고 경건한 자세로 신앙생활을 하는 모범 수녀로 생활했다. 그렇기에 나중에는 수녀원장의 자리에까지 오를 수 있었다. 하지만 50대가 되면서부터 이상한 증상을 보이기 시작하더니 결국 수녀원에서 소란을 일으키는 주범이 되었다. 침실에서 마차를 타기도 하고 정원에서 큰소리로 고함을 쳤으며 동료 수녀를 때리거나 꼬집고 비트는 등 기행이 한둘이 아니었다. 이런 상황에서 수녀원의 다른 수녀 4명에게도 신들린 증상이 나타났다. 또한 수녀 중 일부는 식물의 뿌리 등으로 약을 제

마녀집회에서 춤을 추는 마귀와 마녀의 모습을 그린 상상도,
수녀들의 자백 중에는 마녀집회에 참석하여 마귀와 함께
춤을 추었다는 자백이 많았다

조하기도 하여 수녀원은 매우 음침한 분위기가 되었다.

그 중에서 한 수련수녀의 증상이 특히 심각하였다. 그녀는 다양한 방법으로 수녀원을 혼란에 빠뜨렸다. 기록된 내용을 살펴보면, 그녀는 이런저런 방법으로 마귀를 불러들여 자신의 몸 안으로 들어가게 하였다고 자백하였다. 또한 황홀감을 느낄 수 있는 여러 가지 재료를 넣은 마녀와인을 만들어 수녀원에서 조금 떨어진 지하실에 보관한 후 동료 수녀들에게 마시게 하였다는 것이다. 기이한 행동은 또 있다. 밤에 돼지를 몰고 나오기도 했고 소를 다리 위로 끌고 와 그곳에서 젖을 짜기도 했다. 심지어 그녀는 자신이 고양이로 변신할 수 있다고 말하였다. 그녀의 행동은 자신은 물론 누군가가 피를 볼 때까지 멈추지 않았다고 한다.

이때 한 수녀가 고위 수장에게 레나타 수녀원장의 방에 성적인 욕구를 불러일으키는 기구가 있다며 그녀를 마녀로 고발하였다. 고위 수장들은 그녀에게 경고를 한번 하는 것으로 그쳤지만, 수녀들은 달랐다. 레나타 수녀원장을 방에서 몰아낸 후 방을 뒤져 기구를 찾아낸 것이다. 기구 외에도 그녀의 방에서는 마녀들이 사용하는 약초와 함께 황금색 치마가 발견됐는데, 수녀들은 그녀가 마녀 춤을 출 때 입는 옷이라고 주장하였다. 자신의 방에서 이런저런 물건들이 나오자 레나타 원장수녀는 "앞으로는 마귀와의 접촉을 모두 끊고 경건한 수녀로 살아가겠다!"고 수장들 앞에서 맹세했지만, 때는 이미 늦었다. 결국 그녀는 주교의 명으로 원장직을 내놓고 처분을 기다려야 했다.

그녀는 마리아산Marienberg에 있는 요새지로 연행되었다. 그곳에서 예수회 신부에게 고해성사를 하였고 사형을 선고받았다. 재판을 담당했던 주교가 갑자기 죽어 그녀의 재판이 잠시 중단되기도 했지만 1749년 6월 21일, 결국 참수를 당했다. 그녀의 몸은 인근 숲에 버려졌고 그녀의 목은 운터젤 수녀원을 향해 걸렸으며 예수회 가아르Gaar 신부는 그녀의 목 앞에서 설교를 하였다. 그 후 그녀의 목은 재가 되었다.

혹시 그녀가 정신병을 앓았던 것은 아닐까? 그녀 역시 당시에 만연한 마녀 이야기로 유도 심문표에 상응하는 자백을 한 것은 아닐까? 또한 동료의 잘린 목을 보며 설교를 들었을 다른 수녀들을 생각해 보자. 이 장면을 목격한 수녀들의 무의식 속에는 레나타 수녀의 목이 각인되어 밤마다 악몽에 시달렸을 수도 있다. 그러다 마음이 약한 수녀들은 히스테리를 일으켰을 수도 있다. 그러면 수녀들이 신이 들렸다고 판단한 사제가 마귀를 쫓는 예식을 치렀을 것이다. 그 예식 중에 신들린 수녀들은 다시 한 수녀를 지목할 것이고 지목된 수녀는 재판장에 선 뒤 형장의 이슬로 사라졌을 것이다. 이처럼 끝나지 않는 악의 연쇄 고리는 이곳에서도 존재하고 있었다. 사학자 볼프가 뷔르츠부르크의 기록보관실에서 입수한 자료를 더 살펴보자.

레나타는 수녀원에 들어온 후 한동안은 밤낮으로 울었던 기억밖에 없다고 한다. 몸은 수녀원에 있었지만 신과는 거리가 멀게 생활했으며 신에게 감사한 적도 없었다. 늘 바깥 생활을 동경하였고 그러다가 결국 우울증에 빠졌다. 밤마다 성교를 하는 꿈을 꾸었으며 자주 소리를 지르고 울었다.

꿈속에서 만난 군인 장교의 모습을 그림으로 남기기도 하였다. 그림에는 그녀의 이름을 쓰고 새와 심장을 그려 넣었으며 "나는 너를 신뢰하고 너에게 머문다"는 서명을 붙였다. 이것은 그녀가 어릴 때부터 했던 놀이였다. 군인 장교를 그린 이유는 그녀의 아버지가 군인 장교라서 아버지를 그리워하는 마음을 갖고 있었던 듯하다.

그녀는 원하지 않는 수녀원에서 탈출구를 찾다가 현실과는 동떨어진 상상의 세계로 도피한 듯하다. 그렇다 보니 감정 기복이 심했을 것이고 시간이 흐를수록 병은 더 깊어간 것으로 보인다. 말하자면 그녀는 몸은 수녀복을 입고 수녀원에 있었지만 마음은 상상 속 삶을 산 것이다. 당시 수녀원에는 본인이 원해서가 아닌, 타인에 의해 강제로 들어온 사람이 많았기에 이들의 억압된 감정이 이상한 방향으로 분출되는 일이 빈번했다고 앞서 말한 바 있다. 오늘날에는 병원에서 적절한 치료를 받을 수 있지만, 당시는 선과 악이라는 이분법만 존재하던 사회였다. 그리스도교 하느님에 속하지 않으면 그 외는 모두 이단인 마귀에 속했다.

레나타 수녀가 형장으로 떠날 때의 모습도 기록으로 남아 있다. 카푸친Capuchin 수도회의 수도사 2명과 고해신부 마우루스Maurus가 동행하였고, 사형집행인은 단칼에 그녀의 목을 쳐내었다. 그녀가 참수당할 때 독수리 한 마리가 그녀 주위를 빙빙 맴돌았다고 한다.

4부... 성녀인가 마녀인가

중세 유럽에서는 신심 깊은 여자들이 종교적인 신비 체험이나 환시 체험에 많이 빠졌다. 이
들을 어떻게 해석하느냐에 따라 그녀들의 삶은 천국과 지옥을 오고갔다. 마녀로 몰렸다가
성녀로 추앙받은 사람이 있는가 하면, 성녀로 추앙받던 사람이 하루아침에 마녀로 몰려 형
장의 이슬로 사라진 경우도 있다. 누구를 만나 어떤 심판을 받느냐에 따라 성녀나 마녀로
갈라졌기 때문에 성녀와 마녀라는 이름은 종이의 앞면과 뒷면처럼 보인다. 그 판가름 또한
모호하다. 만약에 이들이 후에 성녀 품에 오르지 못했다면 이들은 교회사에 영원한 마녀로
남았을지도 모른다. 자신이 죽은 후 성녀로 추앙받았다고 이들이 하늘에서 기뻐할까? 반대
로 성녀로 칭송받지 못했다며 하늘에서 고통스러워할까?

잘 울어서
마녀로 몰리지 않은 여자

성녀와 마녀의 애매한 판별 기준

중세 유럽에서는 신심 깊은 여자들이 종교적인 신비 체험이나 환시 체험에 많이 빠졌다. 이들을 마녀로 보아야 할까, 성녀로 보아야 할까? 어떻게 해석하느냐에 따라 그녀들의 삶은 천국과 지옥을 오고갔다. 마녀로 몰렸다가 성녀로 추앙받은 사람이 있는가 하면, 성녀로 추앙받던 사람이 하루아침에 마녀로 몰려 형장의 이슬로 사라진 경우도 있다.

먼저 마녀가 성녀로 추앙받은 예를 살펴보자. 마녀로 몰려 재판에 넘겨져 고문당하거나 사형을 선고받아 처형당했던 사람 중에는 사후에 새로운 해석이 따르지 않았더라면 교회에서 영원히 마녀로 배척받았을 사람이 있고, 그 반대로 성녀에서 마녀로 몰린 경우 이들의 비밀이 생전에 들통 나지 않았더라면 교회에서 영원히 성녀로 추앙받았을 사람이 있다. "마녀인가? 성녀인가?"를 판단하는 지점에는 당시 교회 수장들의 취향과 독선적인 판단이 큰 영향력을 미쳤다. 이것은 그리스도교적인 신학분석이 아니라 종교 현상학적인 연구물임을 밝힌다. 즉 1900년경부터 신학에서 분리된 종교학 덕분에 이런 연구의 기틀이 마련된 것이다.

마저리 켐프 이야기

14~15세기경 영국에 살았던 마저리 켐프(Margery Kempe, 1373~1438)는 무역업을 하는 남편과의 사이에 열네 명의 자식을 둔 여인이었다. 그녀의 종교적인 체험은 당시에는 성녀인지 마녀인지 구분하기가 모호했는데, 그녀의 생을 들여다본 후 판단해 보기로 하자.

어머니로서 아이들을 양육하는 것보다 종교에 더 정성을 쏟았던 마저리는 자신의 돌봄이 필요한 열네 명의 아이를 두고 자주 성지순례를 떠났다. 교통이 발달하지 않은 중세에 여자의 몸으로 영국에서 유럽대륙으로 건너간다는 것은 쉬운 일이 아니었을 것이다. 그럼에도 그녀는 비교적 영국과 가까운 산티아고와 노르웨이 등은 물론 당시에는 어마어마한 장거리 여행이었을 예루살렘으로까지 성지순례를 떠날 만큼 종교적인 열성에 불탔다.

그녀가 많은 자식과 집안일은 나 몰라라 하고 성지순례만을 다니자 이웃의 입방아가 담 너머로 오르내린 것은 당연한 일이다. 게다가 그녀가 입는 옷도 구설에 올랐다. 당시에는 결혼한 여자가 흰색 옷을 입는 것은 상식에 어긋나는 일이었다. 흰색 옷은 '그리스도의 신부'라는 뜻을 내포하고 있었기 때문에 흰색 옷은 신비가만 입을 뿐 기혼여성에게는 금기의 색이었다.

사회적 통념에도 어긋나고 이웃들이 그녀를 좋지 않은 시선으로 보았지만 마저리는 늘 흰색 옷을 입고 다니며 자신은 신의 은혜를 입었기 때문에 괜찮다고 주장했다. 오만방자한 그녀의 태도에 급기야 사람들은 마저리가 신흥종파의 추종자일지도 모른다고 의심하기에 이르렀다. 딘젤바허Dinzelbacher 교수에 의하면 영국에서는 1400년경 '이교도(딘젤바허 교수는 이들을 Ketzerin이라고 기록하고 있다)'라고 불린 사교집단이 생겨났다. 이들은 당시 바티칸의 비리와 부패에 역겨움을 느끼고 새로운 그리스도교 정신을 부르짖으며 경건한 원시신앙으로 돌아가자는 취지로 모인 사람들이다. 그리스도교의 본질은 부패한 구교의 교계 체계에 있는 것이 아니라 성서에 있다고 주장한 이들은 흰색 옷을 입고 자신들을 거룩한 존재라고 표명했으며 특히 성서 공부에 매진했다. 하지만 바티칸의 거대한 힘에 짓눌려 이교도로 핍박을 당하다가 결국 많은 추종자가 붙잡혀 처형당했다. 마저리 역시 흰색 옷을 입고 성서지식까지 풍부하였기에 그녀도 이런 신흥종파에 속할 것이라고 판단하기 좋은 상황이었다.

하지만 그녀의 신비주의 현상 때문에 섣불리 그녀가 이 종파의 추종자라고 단정할 수도 없었다. 그녀의 신비주의 현상은 그녀가 첫 아이를 낳은 뒤부터 시작되었다. 하루는 고해신부가 그녀에게 지옥의 무시무시함을 들려주었는데 그녀는 이야기를 듣자마자 이성을 잃고 영들로부터 괴롭힘을 당하기 시작했다. 그녀가 괴롭

힘을 당한 기간은 "6개월 더하기 8주 그리고 며칠 더"라고 기록되어 있다. 그녀를 괴롭힘에서 구제한 이는 예수라고 한다. 예수가 직접 나타나 그녀의 침대 곁에 앉아 위로해 주었다는 것이다. 그 이후로도 그녀는 자주 현시에 빠지곤 했는데 이런 현시 때에는 다른 신비가들이 그런 것처럼 예언과 방언, 신비적인 합일 등이 그녀의 입에서 쏟아져 나왔다.

그녀에게는 남들과는 다른 특이점이 하나 더 있었다. 바로 눈물이었다. 그녀는 엄청나게 많은 양의 눈물을 흘렸는데 눈물을 흘릴 때는 알 수 없는 괴성까지 동반했다. 어느 그리스도수난절에는 교회에서 5~6시간을 내리 울기도 했고 어떤 날은 십자가 상 위에서 폭풍처럼 눈물을 쏟기도 했다. 어느 날은 거의 온종일 울었고 어느 날은 아침에 한 번 저녁에 한 번 나누어 울었다. 가톨릭 신자들이 매주 일요일 미사참례와 영성체(가톨릭에서 예수의 몸으로 상징되는 얇은 밀떡)를 모시는 날에는 건장한 남자들이 그녀를 붙들고 있어야 할 정도로 그녀는 괴성을 지르며 울어댔다.

이런 날들이 계속 이어지자 다른 신자들과 분리된 공간에서 그녀에게 영성체를 주어야 할 지경이 되었다. 마저리의 남편도 갖은 방법을 동원하여 부인이 우는 것을 막으려 했다. 부인에게 설득도 하고 호소도 해보았지만, 그녀의 눈물 흘림을 막을 수 없었다. 나중에는 부인을 피하려고 했지만 사람들의 빗발치는 호통에 울며 겨자 먹기로 남편의 책임을 떠맡을 수밖에 없었다.

그녀의 이런 현상을 두고 갖가지 해석이 나오기 시작하였다. 그중 하나는 그녀가 눈물을 흘리는 것은 예수의 고통을 함께 체험하는 자비심에 나왔다는 것이다. 성서에 나오는 마리아 막달레나의 눈물과 비교하며 그녀를 우러러보는 사람들도 생겼다. 그들은 "그녀의 눈물이 죽은 영혼을 구제하니 얼마나 큰 축복인가!"라며 존경심을 표했다.

마녀인지 성녀인지를 구분하는 네 가지(눈물 시험, 바늘 시험, 불 시험, 물 시험) 시험 중 불 시험과 물 시험은 앞에서 설명한 바 있다. 바늘 시험은 사마귀나 반점 같은 것을 바늘로 찔렀을 때 아프다고 하지 않는 사람을 마녀로 간주하는 시험이고, 눈물 시험은 마녀로 의심받는 사람이 잡혀 왔을 때 그 자리에서 당장 눈물을 흘리지 못하면 마녀로 간주하는 시험이다. 중세 사람들은 예수와 마리아를 사랑하는 사람이라면 언제 어디서나 자연스럽게 눈물을 흘릴 수 있다고 생각했다.

마저리는 잘 운다는 것만으로 이미 마녀가 아니라고 주장할 수 있던 상황이었다. 설령 마녀로 몰려 재판에 넘겨진다 하더라도 쉽게 혐의를 벗을 수 있었던 것이다. 눈물 시험은 사막의 은수자들이 이런 눈물 흘림에 대해 높은 가치를 부여한 것에서 유래하였다. 중세에는 눈물 흘림을 기도예식의 한 형태로 정하기도 했고 이탈리아의 베네딕도회 수도사 페트루스 다미아니(Petrus Damiani, 1007?~1072)는 눈물 흘림을 '신으로부터 부여받은 거룩한 은총'이라고 말하기도 하였다.

울음 덕분에 그녀는 일단 마녀로 고발당하지는 않았다. 하지만 도를 넘는 그녀의 울음소리에 사람들의 신경은 점점 더 날카로워졌다. 그러다가 사람들은 그녀가 마녀는 아니지만, 그녀 안에 사

중세 유럽은 당시 교회 수장이 어떤 잣대로 교리를 판가름하느냐에 따라
선악이 구별되고 성녀와 마녀가 판가름나던 시절이었다

는 마귀 때문에 저렇게 우는 것이라는 결론을 내렸다. 그녀를 화형에 처해야 한다는 사람들의 요구가 거세지자 그녀는 결국 마녀 재판에 넘겨져 주교 앞에 서야 했다. 하지만 그녀는 법정에서 쉽게 풀려나왔다. 그녀의 아버지가 시장을 역임한 귀족 출신이다 보니 주교가 마음대로 할 수 없었던 듯하다. 대신 풀려나면서 그녀는 주교에게 다음과 같은 경고를 받았다. "살고 싶으면 집에서 조용히 아이들을 돌보며 다른 여자들처럼 베나 짜고 살라!"

바깥출입을 금지당했지만 그녀는 아랑곳하지 않았다. 집안에서도 자신이 체험한 종교적인 환시의 내용을 창문 밖의 사람들에게 큰소리로 알리며 종교활동을 이어간 것이다. 그러다 몇 년 후, 믿기 어려운 일이 그녀에게 일어났다. 어느 날부터 그녀가 평범하고 조용한 생활을 하기 시작한 것이다. 그녀가 울음을 멈춘 것에 대해서도 사람들은 말이 많았다. 신이 드디어 그녀의 울음을 그치게 했다는 사람들과 그녀가 눈물을 그칠 줄 아는 것을 보니 아무래도 과거에 속임수를 썼다는 사람들이 팽팽하게 맞섰다. 몇몇 사람은 그녀에 대한 분노를 삭이지 못하고 그녀에게 물세례를 퍼붓기도 하였다.

그녀의 눈물이 그쳤으니 망정이지, 만약 그 눈물이 계속되었다면 어떤 일이 벌어졌을까? 앞에서 여러 번 언급했듯이 성녀로 추앙받았다면 다행이지만 그 반대로 마귀와 통한 마녀로 몰려 불에타 죽는 극단적인 상황이 벌어졌을 수도 있다.

법정에서 눈물을 잘 흘리는 것이 과연 신의 은총일까? 반대로 눈물을 잘 흘리지 못하는 것은 과연 마귀의 장난일까? 그녀가 속임수를 써서 하루 종일 울 수 있었다고 치자. 하지만 이런 것으로 어떻게 성녀인지 마녀인지 판단한단 말인가? 이번 이야기만 놓고 보아도 성녀와 마녀의 구별은 참으로 애매모호하다는 것을 알 수 있다.

페루자의 복녀
골룸바 이야기

신비주의에 빠진 중세 여자들은 교회에 다니면서 열심히 고해성사를 하고 영성체를 모셨다. 영성체 외에는 다른 음식을 전혀 먹지 않는 극단적인 사람들도 있었다. 하지만 그 실체를 알아보면 꼭 그렇지도 않았다. 음식을 방안 침대 밑에 비밀스럽게 숨겨두고 먹으면서 거짓말을 일삼은 사람도 있었기 때문이다.

또 스스로 자신을 '거룩한 자'라고 표명하고 다니는 사람이 있으면 그 앞에 많은 사람이 엎드려 절하고 이들의 옷자락을 잘라 성물聖物로 간직했다. 당시는 성인과 성녀의 물품을 수집하고 소유하는 것에 혈안이 되어 있는 사람이 많았다. 성인과 성녀의 손길이 닿은 물품에는 거룩한 힘이 내재되어 있다고 생각했고 성물을 지닌 자들은 죽은 뒤 쉽고 빠르게 천국으로 갈 수 있다고 믿었기 때문이었다.

이탈리아 페루자Perugia에서 있었던 일이다. 축일이 5월 20일인 복녀(복녀나 복자도 성인과 성녀처럼 교회의 정식절차에 따라 선포된 사람이므로 공식적으로는 공경의 대상이다. 다만 복녀나 복자는 성인이나 성녀와는 달리 그 범위가 어떤 지역이나 단체에만 한정된다. 이 책에서는 복녀와 성녀를 구분하지 않았다. 칭호의 구분이 중요한 것이 아니라, 어떻게 그녀들이 마녀에서 성녀의 반열에 올랐는지가 이 글의 주된 관심사이기 때문이다) 골룸바 (Columba, 1467~1501)는 도미니코 수도원의 평신도 중 3회원이었다. 1회원이 수도사나 사제라면 2회원은 수녀이고 3회원은 평신도지만 수도자처럼 살아가는 사람들을 칭한다. 매일 고해성사를 하며 늘 속죄하는 삶을 살았던 그녀는 자주 환시에 빠졌을 뿐만 아니라 예언을 하기도 하였다. 그녀 역시 다른 음식은 먹지 않고 오직 교회에서 주는 영성체만 먹으며 산다는 소문이 나자 사람들은 그녀가 교회에 들어서면 마치 살아있는 성모 마리아가 온 듯 그녀를 공경했다. 성스럽고 종교적인 삶을 살았기 때문에 자연히 살아 있는 성녀로 추앙받은 것이다.

사람들은 그녀를 이탈리아 시에나Siena의 성녀 카타리나(Catherine, 1347~1380)와 동일시했다. 카타리나 성녀의 행적이 실린 글에 카타리나의 이름을 지우고 골룸바를 넣어도 될 정도라는 칭송을 들으며 그녀는 사람들에게 큰 존경과 사랑을 받았다. 그녀는 기적도 일으켰다. 1494년 페루자에 페스트가 돌 때 페스트에 걸린 이들을 치유하는 동시에 사람들이 회개하고 속죄의 길을 걸어야 페스트를 몰아낼 수 있다고 외쳤던 것이다(당시는 페스트를 병원균이 아니라 하느님의 벌로 보는 경향이 강했다).

그녀가 병자들에게 손을 대기만 해도 병이 치유되고 심지어 그녀가 등잔불의 기름으로도 페스트를 치유한다는 소문이 돌았다. 또한 그녀 역시 페스트에 걸렸지만 거뜬히 살아남자 그녀를 향한 칭송은 더욱 높아졌다. 그녀의 주장에 따르면 꿈속에 나타난 수호성인과 카타리나 성녀가 그녀를 살려주었다는 것이다. 그녀의 말을 인정한 시주무청은 그녀를 공경하는 행사를 일 년에 한 번씩 열어주었으며, 그것도 모자라 살아 있는 이 성녀가 다치기라도 할까봐 호위병까지 곁에 두었다.

하지만 사람이 늘 좋은 평가만 받고 살 수는 없는 법, 그녀를 추앙하는 사람이 있는 반면 그녀를 의심하는 부류들도 있었다. 그녀에게 잔뜩 의구심을 품고 언젠가 그녀의 정체를 파헤치겠다는 부류와 그들로부터 그녀를 옹호하고 나선 이들이다. 특히 그녀의 고해신부는 그녀가 성녀임이 틀림없다며 교황에게 보고를 하였다.

1495년 교황 알렉산데르 6세(Alexander Ⅵ, 재위 1492~1503)가 페루자에 왔다. 여기서 잠깐, 골룸바 이야기에 들어가기 전에 교황 알렉산데르 6세와 그의 두 자식 체사레 보르자와 루크레치아에 대해 살펴보자. 교회사에서 교황 알렉산데르 6세는 '역사상 가장 타락한 교황'으로 불린다. 그는 여러 명의 여자에게서 모두 9명의 자녀를 둘 정도로 종교적인 경건함과는 거리가 먼 인물이었다. 1431년에 태어난 그는 1492~1503년에 교황으로 재임하였는데, 이 자리도 부정적으로 취득한 것이었다. 그가 교황이 될 수 있었던 것은 삼촌인 교황 갈리스토 3세(Calixtus Ⅲ, 재위 1455~1458)가 결정적인 영향력을 행사하였기 때문이다. 삼촌 덕에 교황청에 자리를 잡은 그는 쉽게 출세가도를 달릴 수 있었고, 추기경 시절에도 종교적인 경건함보다 정치적인 권모술수에 더 능한 사람으로 정평이 나 있었다.

그리스도의 정신에 따라 가난의 정신을 실천했던 당시의 한 수도자는 길거리 군중 앞에서 타락한 당시의 그리스도교를 "똥통"이라고 설교하고 다녔다. 이때는 세속 권력과 종교 권력 사이에 경계가 없는 시기였을 뿐만 아니라 자식을 가진 교황도 비일비재했으니 그런 욕을 먹어도 당연한 것 같지만, 아무튼 그 사실을 안 교황 알렉산데르 6세는 이 설교가의 목을 친 뒤 불에 태워 죽였다. 교황 알렉산데르 6세의 사생아 체사레 보르자(Cesare Borgia, 1475~1507) 역시 열일곱 살에 주교 품에 올랐고 열여덟 살에 추기경으로 임명되었지만 세속정치에 참여하고 싶다며 추기경 자리를 포기했고, 체사레 보르자의 동생 루크레치아(Lucrezia, 1480~1519)는 희대의 탕녀로 알려진 인물이다.

다시 골롬바의 이야기로 돌아가자. 페루자에 온 교황 알렉산데르 6세는 성녀로 추앙받는 골롬바와 만남을 가졌다. 골롬바가 교황의 옷에 손을 대자마자 그녀의 몸이 차디찬 돌처럼 변하면서 즉시 신비체험에 빠졌다. 그녀가 신비체험에서 깨어나자 교황은 그녀에게 계시된 것이 무엇이었는지 질문하였고 교황의 아들 체사레도 여기에 합류했다. 두 사람은 골롬바의 신비함과 거룩함에 놀라면서 그녀의 경당에 죄 사함의 면죄부를 보증한다는 선언까지 하였다.

하지만 교황의 딸 루크레치아가 나타나며 상황은 돌변했다. 그녀는 골룸바를 시험하기 위해 병이 깊을 대로 깊어 이미 의사도 포기한, 죽어가는 한 아이를 데려와 그녀에게 살려내라고 명령했다. 하지만 골룸바는 이 아이가 혼외자로 태어난 사생아이기 때문에 치유의 기적을 일으킬 수 없다며 거부하였다. 루크레치아는 당장 골룸바를 마녀로 고발했다. 당시에 루크레치아는 교황인 아버지를 등에 업고 막강한 힘을 행사하였다. 아버지의 뜻에 따라 몇 번이나 정략결혼을 했기 때문에 그녀가 아버지의 마음을 움직이는 것은 문제도 아니었다. 루크레치아는 골룸바의 고해신부이자 『성인전』의 저자이며 점성학자인 세바스티아누스 안젤리 신부에게도 죄를 뒤집어씌웠다. 그의 죄목은 골룸바의 거짓 계시를 세상에 퍼뜨렸다는 것이다. 루크레치아는 이들을 태워 죽이려고 하였다.

골룸바의 신비체험을 두고 교황 알렉산데르 6세와 그의 아들 체사레 보르자는 그녀를 성녀로 판정했지만, 교황의 딸 루크레치아는 그녀를 마녀로 판정했다. 어쨌든 골룸바가 성녀와 마녀라는 두 영역을 넘나드는 평가를 받다가 죽은 것은 틀림이 없다. 그녀가 죽은 지 124년이 흐른 1627년, 그녀는 후대 교황 우르바노 8세(Urbanus VIII, 재위 1623~1644)의 축복을 통해서 가톨릭 복녀로 공표되었다.

성녀
도로테아

프로이센 몽토^{Montau}의 성녀이자 과부였던 도로테아(Dorothea, 1347~1394)도 다른 신비가들과 유사한 전철을 밟았다. 늘 기쁜 미소를 얼굴에 머금었던 그녀는 자주 신비 체험에 빠졌고 교회에서는 홀로 눈물을 흘리면서 노래를 불렀다(눈물을 잘 흘리는 것을 당시에는 신의 은총으로 여겼다고 앞서 설명한 바 있다). 도로테아는 고해신부에게 자신의 이런 체험을 고백했고, 그녀의 고해신부는 그녀를 성녀로 간주하였다.

하지만 그녀를 못마땅하게 여기는 사람들은 그녀가 가톨릭 믿음의 근본을 뒤흔들고 있으니 태워 죽여야 한다고 소리를 높였다. 그녀 나이 44세가 되던 해인 1391년 7월에 고발당한 그녀는 재판에 넘겨져 단치히^{Danzig}의 주교관인 재판장 앞에 섰다. 하지만 불에 타 죽는 것을 전혀 두려워하지 않았고 오히려 신을 위해 죽어야 한다면 기꺼이 죽을 것이라고 자처했다. 게다가 자신의 믿음을 증명하기 위해서라도 불에 타 죽을 때 드는 장작 비용을 자신이 내겠다는 선언까지 하였다. 다행히 장작더미에서 불타는 것은 모면했지만, 그녀 역시 살아생전에 마녀와 성녀라는 평가에서 줄타기한 것은 틀림이 없다. 그녀가 죽고 난 몇 년 후인 1404년, 그녀를 성녀 품에 올리려는 시도가 있었지만 중단되었고 572년의 세월이 흐른 후인 1976년에야 그녀는 가톨릭의 성녀 품에 올랐다.

여기서 보듯 성녀와 마녀라는 이름은 종이의 앞면과 뒷면처럼 보인다. 그 판가름 또한 모호하다. 누구를 만나 어떤 심판을 받느냐에 따라 성녀나 마녀로 갈라졌기 때문이다. 만약에 이들이 후에 성녀 품에 오르지 못했다면 이들은 교회사에 영원한 마녀로 남았을지도 모른다. 자신이 죽은 후 성녀로 추앙받았다고 이들이 하늘에서 기뻐할까? 반대로 성녀로 칭송받지 못했다며 하늘에서 고통스러워할까? 죽은 자는 말이 없으니 알 수 없는 노릇이다.

히스테리 환자인가
성스러운 복녀인가?

　이탈리아 파도바^{Padova} 출신의 에우스토키움(Eustochium, 1444~
1469)은 베네딕도회 수녀이자 복녀로 추앙받고 있다.

　그녀는 사생아였다. 중세 유럽에서 사생아는 사람대접을 받지
못하였다. 딘젤바허 교수의 연구에 의하면 그녀는 부인이 있는 남
자와 수녀 사이에서 태어난 아이였다고 한다. 수녀인 어머니가 아
이를 키울 수 없으니 에우스토키움은 아버지 집에서 성장하였다.
평범한 사람과의 사이에서 태어난 혼외자식을 데려왔어도 거부
감이 심했을 터인데, 수녀와의 사이에서 태어난 아이다 보니 그녀
에 대한 구박은 이루 말할 수 없었다. 에우스토키움은 매 맞고 구
박받는 것이 일상사였고 늘 주변의 손가락질을 받는 천덕꾸러기
로 자랐다. 그런 데다 그녀에게는 어릴 때부터 신들린 상태가 종
종 일어났다. 심지어 그녀는 마귀에게 자주 얻어맞는다고 말하고

다녔다. 눈물 마를 날 없이 구박받고 신들린 현상까지 보이는 딸을 보던 아버지는 그녀를 그녀의 어머니가 있는 베네딕도 수녀원인 프로스도치모Prosdocimo로 보낸다(그녀의 어머니가 여전히 그곳에 살고 있었는지에 대한 언급은 찾을 수 없다).

수녀원으로 들어온 에우스토키움은 마귀나 귀신에 대해 이야기하지 않고 무려 9년간이나 수녀원 규칙에 맞추어 경건하게 지냈다. 그러다가 수녀원 개혁 때문에 함께 지내던 동료들이 다른 수녀원으로 옮겨가면서(옮긴 이유는 밝혀진 바가 없다) 그녀만 프로스도치모 수녀원에 남게 되었다. 옛 동료들이 떠난 자리에 곧 새 동료들이 들어왔지만, 그녀는 그들과 잘 어울리지 못했다. 그러다가 주교의 결정으로 그녀는 마음에도 없는 수련자 옷을 입게 되었다.

당시는 아이들이 학교에 들어갈 나이만 되어도 수녀원으로 보낼 수 있었다. 독일의 유명한 수녀인 힐데가르트 폰 빙엔(Hildegard von Bingen, 1098~1179)도 가난한 귀족 집안의 열 번째 자식으로 태어나 8세의 나이에 수녀원으로 보내졌다. 앞에서도 언급했지만, 당시는 딸을 시집보내기 위해 엄청난 지참금이 필요한 시대였다. 그래서 가난한 귀족들은 한두 명 정도의 딸만 신분 상승이 가능한 좋은 집안의 남자를 택해 시집보내고 나머지는 수녀원으로 보내 버리는 경우가 허다했다. 에우스토키움은 꼭 지참금 문제 때문에 수녀원에 들어온 것은 아니지만, 그녀 역시 자신의 의지가 아니라 그녀의 아버지가 강제적으로 보낸 것이지 그녀의 의지로 수녀가 된 것은 아니었다.

그녀는 새 동료들과 어울리지 못하고 늘 외톨이로 지냈다. 이런 환경을 견디지 못해서인지, 그녀가 어릴 때에 겪었던 이상한 체험들이 다시 그녀에게 일어났다. 그녀는 눈을 이리저리 굴리는가 하면 머리카락을 산발한 채 이를 다 드러내고 얼굴에는 온갖 색칠을 한 뒤 수녀원을 돌아다녔다. 어느 날은 칼을 들고 동료 수녀들 앞에서 엎어지는가 하면 어느 날은 고해신부에게 커다란 돌을 던지기도 했다. 마귀가 자신의 내장 일부를 하나씩 끄집어낸다고 호소하는가 하면 마귀가 그녀의 숨을 막아 죽이려고 한다는 주장도 하였다. 그러고는 다시 전신경련에 빠졌다. 견디다 못한 동료들은 그녀를 기둥 벽에 밧줄로 묶었다. 다행인 것은 그녀의 증상이 지속적이지는 않았다는 점이다. 그녀의 이성이 돌아오면 수녀원의 분위기도 고요해졌다. 그녀의 고해신부 역시 그녀가 나쁜 귀신에게 홀렸을 뿐 그녀 자체는 죄가 없다고 판단하였다. 증상이 없을 때는 늘 겸손하고 헌신적인 수녀의 삶을 살았기 때문이다.

이런 때에 공교롭게도 수녀원장이 중병에 걸렸다. 의사를 불렀지만 어떤 병인지 진단조차 내리지 못했다. 그러자 수녀원 동료들은 에우스토키움을 마녀로 몰았다. 그녀가 마귀의 힘을 빌려 수녀원장을 병들게 했다는 것이다. 설상가상으로 수녀원 구석에서는 저주용 도구까지 발견되었다. 그녀에 대한 이런저런 소문이 난무하자 동료들은 에우스토키움을 수녀원 감방에 감금하고 그녀를 마녀로 몰기 위해 갖은 방법을 동원하였다. 이때 수녀들은 그 지역의 주교는 물론 수녀원에 영향력을 미치는 귀족에게까지도 그녀에 대해 고자질을 했다. 되려 자신들이 마녀로 몰리는 일이 생길 시에 대비하겠다는 심사였을 것이다.

발 없는 말이 천 리를 간다고, 그녀의 소식은 도시 전체로 퍼져 나갔다. 사람들이 대거 몰려와 수녀원 감방에 있는 그녀를 끌어내어 산 채로 불에 태워 죽이라고 소리 높여 외쳤다. 그녀가 죽게 생겼는데도 동료들은 모른척했지만, 그녀의 고해신부만은 에우스토키움을 구하기 위해 노력하였다. 하지만 그에게 돌아온 말은 그녀가 부린 마술에 빠져 올바른 판단을 내리지 못하고 있다는 비난 뿐이었다. 어제는 이랬다가 오늘은 저랬다가 하는 그녀의 진술 번복도 문제였다. 에우스토키움은 스스로 자신이 마녀라면서 옛날 함께 살던 수녀원 동료에게 마술을 배웠다고 진술했다가 다음날은 그 진술을 완전히 뒤엎기를 반복했다.

이런 소동이 벌어지는 동안 하늘이 도운 것인지 수녀원장의 병이 나았다. 덕분에 그녀는 마녀재판에 넘겨지지 않았다. 하지만 수녀원의 동료들은 그녀를 수녀원 밖으로 쫓아낼 심사였다. 파도바의 주교가 결정을 내릴 차례였는데, 당시 주교는 만연하던 페스트를 피해 잠시 다른 지방으로 피신 중이었다. 그럴수록 그녀의 발작은 점점 더 심해졌다. 그녀는 누군가로부터 얻어맞은 모습으로 나타나는가 하면 몸 여기저기에 피를 흘리기도 하였다. 물에 이상한 물질을 섞는가 하면 뾰족한 것으로 자해를 하는 등 이상한 짓을 했지만, 사람들은 그녀의 이런 행동을 병으로 보지 않고 종교와 연관 지을 뿐이었다. 즉 천국(성녀) 아니면 지옥(마녀)의 판가름이었다. 일단 성녀로 판단이 나면 이런 신들림은 최고의 덕목이 되고 가시에 찔려 피 흘린 예수의 삶과 비교하기까지 했다. 에우스토키움 역시 자신의 체험을 예수가 그녀에게 가시를 준 신비체험으로 간주했다.

다행히 그녀는 산 채로 화형당하지는 않았다. 대신 1465년, 수녀원은 그녀에게 종신서원을 허락했다. 그 후 그녀의 삶은 잠잠해졌다. 마지막까지 그녀의 몸 안에서 마귀가 설쳤다고 하지만, 그녀는 오히려 마귀가 자신을 떠날까 봐 노심초사할 정도로 초연해졌다. 마귀가 자신을 겸손하게 만든다는 이유 때문이다. 반복되는 이상 행동 때문인지 종신서원 이후 그녀의 건강은 피를 쏟을 정도로 나빠졌고, 결국 1469년 2월 13일 25세의 나이로 영면하였다.

우리는 여기서 두 가지 관점을 엿볼 수 있다. 하나는 동료 수녀들은 그녀를 마귀로 몰았지만, 그녀의 고해신부는 그 반대로 생각했다는 점이다. 그는 그녀의 신들림을 그리스도의 고통을 대신하는 것으로 보며 거룩함과 연관을 지었다. 이렇게 당시는 하나의 증상을 두고도 자신들만의 종교적 잣대로 판단하여 오직 마녀인지 성녀인지를 판단하기에 급급하였다. 에우스토키움 수녀는 마녀로 몰려 불에 타 죽지 않았고 오히려 죽고 난 후 복녀로 올려져 가톨릭교회에서 추앙받고 있다. 다른 하나는 이 영역의 전문가인 독일의 딘젤바허 교수의 관점인데, 오늘날의 눈으로 봤을 때 그녀의 징후는 단순히 정신과 진단을 받을만한 병이 아닐까 하는 점이다.

베네치아의 고해신부
지오반니

1561년 가을, 베네치아의 산마리노 사형 집행 광장에 한 남자가 끌려 나왔다. 당시 사람들은 사형 집행일이 공개되면 축제일이 정해졌다고 생각했을 정도로 그날을 학수고대하고 있었다. 이번에도 많은 군중이 산마리노 광장에 모였는데, 교황대사인 이폴리토 카피루피Ippolito Capilupi까지 사형 집행을 관람하러 온 것으로 보아 이 남자의 죄질이 상당히 무겁다는 것을 짐작할 수 있다. 시간이 되자 사형집행인은 남자의 목을 몇 번이나 쳤지만 연거푸 실패하였다. 다시 노련한 사형집행인에 의해 그의 목이 날아갔다.

처형당한 남자는 베네치아의 서쪽에 있는 한 수녀원에 살면서 수녀들의 영혼을 위로하고 돌보던 고해신부였다. 그는 베네치아 북쪽의 알프스 지방 출신으로 이름은 지오반니 피에트로 리온 Giovanni Pietro Lion 이다.

그가 상주했던 수녀원은 '뉘우치는 여자들의 수녀원^{Le Convertite}'이다. 이 수녀원은 바깥에서 창녀로 살아갔던 여자들이 들어가는 수녀원으로, 품행은 단정치 못했지만 예수로부터 감화를 받은 후 참회하고 뉘우치면서 새 삶을 산 성녀 마리아 막달레나^{Mary Magdalen}의 정신을 본받고자 세워진 수녀원이다. 이런 부류의 수녀원을 일명 '뉘우치는 여자들의 수녀원'이라고 칭했다. 이런 수녀원이 생긴 것도 전지전능한 신의 뜻으로 볼 수 있다. 인간을 차별하지 않고 누구나 수도자로 부름 받을 수 있다는 뜻으로 해석할 수 있기 때문이다.

과거가 어찌 되었든 일단 이 수녀원에 들어온 여자들은 성서 속의 마리아 막달레나처럼 과거 생활을 버리고 예수의 정신에 완전히 귀의해 살아야 했다. 물론 수도원의 3대 규칙인 '청빈' '정결' '순종'의 덕목을 챙기는 의무 역시 지켜야 했다. 당시에 이 수녀원에는 400여 명의 여자가 수녀로 참회하면서 살았다.

하지만 과거를 온전히 잊고 새로운 삶을 산다는 것은 그리 쉬운 일이 아니다. 이를 증명하듯 수녀원 안에서도 과거의 삶을 청산하지 못하고 더러 탈선한 수녀들이 있었다. 그렇다 보니 이런 수녀원에는 갖가지 기이한 이야기들이 난무했고 여기에 관한 연구 역시 독일(유럽)에서 활발히 전개되고 있다.

지금부터 소개하는 이야기는 수녀들의 탈선 일화가 아니다. 수녀들의 다잡은 마음을 흐린 한 인간의 이야기로, 그 주인공은 바로 앞에서 처형당한 지오반니 피에트로 리온이다. 그는 영적 지도 고해신부로 선택되어 이 수녀원에 상주하게 되었는데, 자신의 진정한 본분을 망각하고 음흉한 마음을 품은 채 수녀들에게 접근하여 자신의 욕망을 채웠다.

G. B. 인트라Intra의 연구를 통해 이 파렴치한 고해신부의 악행을 살펴보자. 과거를 뉘우치고 수녀원에 들어온 여자들이 영적 상담을 청하고 고해성사를 하기 위해 지오반니를 찾을 때에 그는 흑심을 품고 엉뚱한 생각을 하였다. 비록 과거를 묻고 수녀가 되었을지라도 육욕이 깨어 있는 수녀가 있을지도 모르니 한 번씩 건드려 보자는 심사였다. 그는 고해하러 오는 수녀에게 은근슬쩍 손을 내밀면서 수작을 걸었다. 수녀가 그의 행위를 완강하게 거부하면 호들갑스럽게 그녀를 찬양하였다. "나는 그대가 진정으로 돈독한 믿음을 가졌는지 어떤지 슬쩍 시험해 보았다. 강하게 반발하고 저항하는 그대는 과연 대단한 믿음을 지녔구나!" 하고 칭찬하며 그 상황을 구렁이 담 넘듯 은근슬쩍 빠져나간 것이다.

하지만 그가 어떻게든 유혹하고 싶었는데 끝끝내 거부하는 수녀가 있으면 그녀를 감금하거나 때리고 쇠고랑을 채우는 등의 고문도 서슴지 않았다. 이런 가혹한 상황을 모면하기 위해 그의 청에 순순히 응한 수녀도 있지만, 그의 욕망에 순응하기보다는 차라리 자살을 택한 수녀도 있었다. 반면 그리 예쁘지 않은 수녀가 그에게 응하면 그는 오히려 그녀의 옷을 벗기고 그냥 세워 두었다. 악취미도 이런 악취미가 없다. 반복되는 상황에 점점 대범해진 그는 고해소에서만 이런 행동을 한 것이 아니라 점점 더 교묘한 방법으로 그의 음탕함을 옮겨갔다.

지금도 '베네치아' 하면 곤돌라가 떠오르는 사람이 많을 것이다. 당시 그는 이 곤돌라를 이용하여 육욕을 채우기도 하였다. 여름철에는 수녀들을 데리고 곤돌라를 탔는데, 그중 특히 아리따운 여자를 취해 그의 욕망을 채웠다. 수녀들의 영혼을 도와준다고 앉은 자리에서 영혼 구제는커녕 이들의 영혼과 육체를 끊임없이 갉아먹고 있었던 것이다.

그에게 당한 수녀들은 왜 이 사실을 바깥으로 발설하지 않은 것일까? 수녀원 안에서 그를 돕는 사람이 많았기 때문이다. 이들은 그의 지시에 따라 철저하게 수녀들을 함구시켰다. 그 때문에 그의 사형장에 나타났던 교황대사 카피루피는 "어떻게 19년간 그의 만행이 내부와 외부에 알려지지 않을 수 있었을까?"라며 강한 의문을 제기하였다. 그뿐만 아니라 고해신부로서 청빈해야 할 그의 삶은 호화롭기 그지없었다. 끼니마다 꿩고기와 노루고기 및 비싼 술이 빠지지 않았고 방에는 몸에 좋은 정력제와 음식이 떨어질 틈이 없었다.

G.B. 인트라가 언급한 바로는 지오반니는 자신의 죄를 덮기 위해 철두철미하게 행동하였으며, 특히 수녀원의 몇몇 수녀들과 긴밀한 관계를 유지하였다. 또한 그의 죄가 드러날까 두려워 어떤 상황에서도 수녀들이 자신 외의 다른 고해신부에게 고해성사를 보지 못하도록 하였다. 심지어 그가 부재중이거나 아플 경우에도 수녀들이 다른 고해신부에게 고해하는 것을 허락하지 않았다. 이런 그의 철통 같은 방어 때문에 종부성사(가톨릭에서 죽을 때 받는 중요한 성사)도 받지 못한 채 죽은 수녀들도 있었다.

게다가 그는 처세에도 능했다. 특히 라틴어와 그리스어 실력이 뛰어났으며 성서 해석에도 일가견이 있었다. 이런 재주를 무기로 그는 늘 신분이 높은 사람들과 교류하며 인맥을 쌓아갔다. 그는 교황 바오로 3세(Paul Ⅲ, 재위 1534~1549)와 우호적인 관계에 있는 돈 게레미아Don Geremia와 돈독한 친분을 유지하는가 하면 베네치아 공화국 왕자의 환심을 사기도 하였다. 거기다 시에서 명망 있는 사람을 만나면 늘 종교적인 이야기를 하면서 성서에 능통하고 거룩한 사람으로 자신을 포장하였다.

이런 그의 악행은 19년이라는 세월이 흐르고 나서야 그 종지부를 찍게 된다. 드디어 그는 고발되었고 많은 사람이 구경하고 있는 광장에서 43세의 나이로 참수형을 당하였다.

이와 유사한 사건들은 중세문화사에 자주 등장한다. 1618년에는 부인과 자식을 둔 한 염색공이 가정생활에 염증을 느끼고는 수도원에 수사로 들어갔다. 수사로서 잘 살았다면 후세에 이런 지면에 오르내리지도 않았을 것인데, 그 역시 결국 교회법에 저촉되어 체포당했다. 이처럼 중세에는 수도 생활을 하던 자가 자주 고발당하였는데 한 도시의 통계를 보면 263명의 성직자 중에 58명이 법정에 섰다 하니, 당시의 종교가 얼마나 부패하였는지 쉽게 가늠할 수 있을 것이다.

막달레나
델라 크루즈

　이번에는 성녀로 끝없이 추앙받던 한 여자가 하루아침에 마녀로 몰린 이야기를 알아보자. 스페인에서 태어난 막달레나 델라 크루즈(Magdalena de la Cruz, 1487~1560)는 다섯 살 무렵부터 이상한 징후를 보였다. '빛의 천사'로 가장한 마귀가 그녀의 삶에 나타난 것이다. 마귀는 변덕을 부리며 때로는 아주 힘센 동물의 형태로, 때로는 미소년의 모습으로 그녀에게 나타났다. 어느 날은 십자가에 못 박힌 형상으로 나타나 "나를 따르라!"라고 속삭였다. 괴로움을 참지 못한 그녀는 스스로 자신의 몸에 못을 박았고 그 때문에 갈비뼈 2개가 부러지기도 하였다. 하지만 마귀는 끊임없이 달콤하게 그녀를 유혹했다. 자신에게 순종하면 사람들에게 보여지는 그녀의 삶을 거룩하게 꾸며 주겠다고 약속했다.

　마귀 덕분인지는 모르겠지만, 그녀는 열두 살 때부터 거룩한 성녀로 추앙받기 시작했고 가톨릭의 다른 성인 및 성녀들과 교류하는가 하면 때로는 기적을 일으키고 환시 중에 미래에 일어날 일을 예언하기도 하였다. 한 예로 그녀는 당시 프랑스의 왕 프랑수아 1세(François I, 1494~1547)가 언젠가 포로로 잡힐 것이라고 예언하였다(프랑수아 1세는 카를 5세와의 전투에서 패배하여 스페인에 잠시 유폐된 적이 있다). 이런 소문이 나돌자 많은 사람이 이 어린 소녀를 보기 위해 먼 길을 마다치 않고 찾아오는 지경에 이르렀다.

이처럼 성녀로 추앙받던 어린 시절을 지나 17세가 되자 막달레나는 수녀원으로 들어가 수녀가 되었다. 하지만 마귀를 섬기는 그녀의 삶은 여전했다. 마귀의 순종을 거부하면 그녀에게 마귀의 보복이 가해졌기 때문이다. 반대로 마귀에게 순종하면 자신을 늘 성녀처럼 보이게 할 수 있었다. 마귀에게 계속 순종한 덕분에 사람들에게 축복을 내리고 많은 기적을 일으킨 그녀의 모든 행적은 신적인 것으로 받아들여졌고 그녀를 추앙하며 따르는 사람도 점점 늘어났다.

그녀를 추종하는 세력은 다양했다. 추기경과 교황대사 그리고 심지어 당대에 유명한 종교재판관까지 그녀를 흠모의 대상으로 삼았다. 특히 스페인 세비야의 주교는 그녀를 방문하는 것만으로는 부족하였는지 편지로 영성 교환까지 할 정도였다. 신성로마제국의 황제 카를 5세(Karl V, 1500~1558, 스페인에서는 카를로스 1세Carlos I라고 함)도 그녀에게 자신의 군사들에게 축복을 내려달라고 청했는가 하면, 카를 5세의 부인은 후에 스페인의 펠리페 2세(Felipe II, 1527~1598)로 등극할 어린 아들의 영세 옷과 투구에 축성해달라고 간원했다. 축성된 옷을 입으면 마귀의 공격에서 벗어날 수 있다는 종교적인 믿음 때문이었다. 성녀로서 그녀의 명성이 치솟은 것은 말할 것도 없다. 그녀가 사는 수녀원에는 곳곳에서 밀려오는 감사 선물이 산처럼 쌓여갔다.

믿지 못할 기이한 일은 더 있다. 1518년, 그녀가 임신한 것이다. 처녀의 몸으로 잉태하였음에도 그녀는 성령의 도움으로 임신하게 되었다며 도리어 자신의 떳떳함을 표명했다. 심지어 사람들은 그녀의 이런 발언을 믿었다. 이는 신에게 바치는 그녀의 겸허한 순종이라면서 변함없이 그녀를 공경했다 하니 그녀에 대한 추앙이 당시 어느 정도였는지 충분히 짐작된다.

한번은 그녀가 명상 중에 예수가 죽을 때 어떤 고통을 당했는지를 알아내고자 하였다. 그러던 어느 날 그녀에게 정말 예수가 나타났다. 그녀는 엉겁결에 예수의 수염을 잡았는데, 이 행위 역시 신의 은총을 받은 것으로 간주하였다. 그녀에 대한 추앙은 하늘 높이 치솟았다.

당시 가톨릭 성인 및 성녀들은 다른 음식은 전혀 먹지 않고 오직 교회에서 주는 영성체인 밀떡만을 먹고 사는 것이 유행이었다. 막달레나 역시 밀떡만을 먹고 살았다고 알려졌다. 나중에 그녀가 마녀로 몰렸을 때에 그녀의 혐의가 차례로 나오는데, 그중에 이런 기록이 나온다. "음식을 먹지 않아도 생존할 수 있는 이유는 마귀가 그녀에게 마녀가루를 비밀스럽게 먹였기 때문이다. 그 가루는 살해된 아이들의 심장으로 만든 것이다."

그녀는 현시 중에 프란치스코 성인을 만났다는 고백도 하였다.

당시 고해성사는 가톨릭을 믿는 신자라면 꼭 해야 하는 의무 중 하나였는데, 그녀는 현시 속에 나타난 프란치스코 성인이 그녀에게 고해 의무를 면제해 주었다고 주장하였다. 이런 일화도 있다. 한동안은 그녀의 손이 성물에 닿기만 하면 피가 흘러나왔다. 그녀는 이것을 예수의 피라고 주장했다. 하지만 나중에 이 피는 그녀의 생리로 만든 피임이 밝혀졌다.

1533년, 그녀는 수녀원장으로 뽑혔다. 그런데 그녀는 원장으로서 수녀들에게 기이한 태도를 보인다. 일부 수녀들이 그녀를 거부하는 말이나 행동을 하면 당장 체벌에 나섰는데, 그 방법이 매우 굴욕적이었다. 수녀들을 일단 땅바닥에 엎드리게 한 뒤 혀를 내밀어 땅바닥을 십자가 모습으로 핥으라는 명이었다. 체벌도 단독으로 이루어지지 않았다. 반드시 다른 수녀들이 다 지켜보는 가운데 벌을 받도록 했다.

당시 수도하던 사람들은 예수의 고통을 체험한다는 의미로 자신의 몸을 채찍으로 때리는 수련을 하였다. 대부분 가죽이나 탄탄한 천으로 만든 끈을 사용했지만 막달레나는 수녀들에게 쇠로 만든 도구나 가시가 박힌 수레바퀴를 채찍질 도구로 사용하게 했고 더 경건한 신앙심을 표명하기 위해 일주일에 세 차례 횟수를 정하여 자신을 채찍질하라고 말했다. 채찍질은 보통 어두운 곳에서 이루어졌지만 그녀는 밝은 곳에서 채찍질을 하라고 명했다. 서로 보면서 마음을 다잡으라는 의미였다. 막달레나는 1535년, 그리고 1539년에 한 번 더 원장직을 역임하였다.

수녀원도 사람이 모여 사는 곳이다. 수녀원장이 수녀들을 이런 식으로 계속 다루다 보면 자연스럽게 시기와 질투를 품은 반대파가 형성되기 마련이다. 그중 원장 선거 때마다 막달레나에 밀려 낙선한 수녀가 특히 더 깊은 반감을 가슴에 품고 조용히 때를 기다리고 있었다. 드디어 그녀에게도 기회가 왔다. 1542년의 수녀 원장 선거에서 막달레나가 원장으로 뽑히지 않은 것이다. 여기에는 그럴만한 이유가 있다. 시의 한 유력 가문이 더는 그녀를 지원해 주지 않고 오히려 그녀를 밀고했기 때문이다. 막달레나의 조상 중에 유대인이 있어 그녀에게 유대인의 피가 흐른다는 것이 그 이유였다(당시는 수녀원이나 수도원 문제에 귀족들이 많이 관여했다. 그리고 당시에도 유대인들은 유럽인들에게 갖은 핍박을 받았다).

평수녀가 되자마자 막달레나는 즉시 궁지에 몰렸다. 그녀를 못마땅하게 여긴 수녀들이 참았던 울분을 터트리면서 "음식을 전혀 먹지 않는 것처럼 가장하지만 사실이 아니다." "천사와 대화를 나눈다고 하더니 실상은 마귀와 대화를 나누고 있더라!"라는 등의 험담을 퍼뜨린 것이다.

동료들에게 시달리던 막달레나는 점차 병이 들기 시작하였고 교회에서도 그녀의 죄를 묻기 시작했다. 그녀를 그냥 두었다가는 교회에서 이미 인정한 성인과 성녀에게까지 피해를 줄 수 있다는 이유 때문이었다. 그녀는 점점 더 궁지에 몰렸고 급기야 전신경련에 빠지게 된다. 보다 못한 고해신부가 나서서 마귀를 내쫓는 예식을 거행해 주었지만, 동료 수녀들은 그녀가 성녀가 아닌 마녀이므로 수녀원 밖으로 쫓아내라고 주장하였다. 이제 그녀의 운명은 충분히 예상할 수 있으리라. 바로 마녀재판에 넘겨져 심문과 고문

중세의 여자들이 경건한 모습으로 기도를 올리고 있다

을 받은 후 감옥에 갇혀 사형 집행일을 기다리는 것이다.

1546년, 그녀를 죽일 예식이 거행되었다. 불타는 초를 손에 들고 있는 그녀의 목에 밧줄이 감겼고 입에는 재갈이 물렸다. 그런데 마귀가 도와주었는지, 기이하게도 그녀는 이 예식에서 단번에 죽지 않았다. 그러자 사람들은 그녀를 다른 프란치스코 수녀원의 지하 감옥에 가두었다. 한때는 살아 있는 성녀로서 공경과 추앙을 받던 그녀였지만 이제는 마녀로 몰려 어두컴컴한 감방에서 남은 인생을 마감하게 된 것이다. 막달레나가 사망한 이후, 동료 수녀들은 죽은 수녀들의 묘를 파헤쳤다. 죽은 수녀들 가운데 살아 있을 때 막달레나의 영향을 받아 죽어서도 마녀가 되었을 가능성이 있다는 이유에서였다.

그녀를 연구하는 후세의 종교학자 대부분은 그녀의 이런 증세를 하나의 환각적인 히스테리 증상으로 분석하고 있다. 유럽 심성사心性史를 연구하는 딘젤바허 교수도 의학이 발달한 오늘날에는 이런 부류의 여자들에 대해서 제3의 잣대를 제시해야 한다고 언급한다. 즉 정신분열증 등 여러 각도에서 살펴보아야 한다는 것이다.

하지만 당시는 그리스도교라는 틀 속에 박혀서 성녀 아니면 마녀로 세상 사람들 분류하던 시대였다. 오늘날에도 이런 종교적인 잣대를 가지고 개인의 종교성을 죽이고 살리는 경우가 있지는 않은지 생각해 볼 일이다.

생활 속에 남은 마녀의 잔재

중세의 슬프고도 잔인한 역사인 마녀 이야기는 세월 속으로 사라져 지금은 박물관 혹은 동화 속에서나 그 자취를 찾을 수 있다. 선과 악이 서로 싸우는 동화에서는 늘 선이 악을 이긴다. 악을 상징하는 대표적인 인물은 주로 허리가 꼬부라지고 이상한 외모에 검은 고양이를 키우며 지팡이로 요술을 부리는 여인, 즉 마녀이다. 이제 마녀 이야기는 교육용 동화 속에서만 존재하는 것일까? 그렇지는 않다. 유럽인들의 생활 속에는 알게 모르게 마녀의 자취가 곳곳에 남아 있다.

특히 독일인의 생활 언어 속에 마녀Hexe 혹은 마녀들Hexen의 잔재가 많이 남아 있다. '헥센슈스Hexenschuss'라는 단어는 '요통'이라는 뜻인데, 중세에는 요통이 마녀의 저주 때문에 생겼다고 믿었기에 단어 속에 '마녀들'이라는 말이 들어가 있다. 혼란과 소동을 의미

'요통'을 뜻하는 단어인 '헥센슈스'는 중세 사람들이
갑자기 자신의 허리가 아프면 마녀가 자신에게 저주의 화살을 쏘아
그렇게 되었다고 믿은 것에서 유래했다

하는 단어 '헥센케셀Hexenkessel'에도 마녀가 들어가 있다. 헥센크라
이스Hexenkreis는 '마녀의 원'이라는 뜻인데, 풀밭에 둥근 원 모양으
로 풀이 죽은 곳은 마녀들이 그곳에서 둥글게 모여 춤을 추었기
때문이라고 믿은 데서 유래한 단어이다. '헥센밀히Hexenmilch'는 생
후 2~3일 무렵 신생아의 유방에서 분비되는 마유魔乳라는 뜻인데,
여기에도 마녀라는 단어가 들어가 있다. 이처럼 독일어에 남아 있
는 단어를 통해서도 유럽을 휩쓸었던 마녀의 잔재를 충분히 느낄
수 있다.

더 나아가 독일 정부가 주최하는 행사 중에도 마녀의 흔적을 찾
을 수 있다. 한 예로 1980년 6월 27일에 열린 독일연방 수상 페스
티벌의 이름은 '발푸르기스의 밤'이었다. 발푸르기스의 밤은 5월
1일의 전야에 마녀들이 브로켄 산상에서 만나 술을 마시며 놀았

다는 전설에서 유래한 행사로, 현재 독일 각지에서는 이날 봄을 맞는 행사와 함께 다양한 축제 한마당이 펼쳐진다. 이 페스티벌의 식사 메뉴 중에는 '마녀 버섯수프'라는 뜻의 '헥센 필즈수프Hexen plizsuppe'도 제공되는데 이 또한 마녀의 잔재로 볼 수 있다.

중세 시절 무분별한 마녀사냥으로 죄 없는 사람들을 마녀재판으로 몰아넣어 결국 죽음에까지 이르게 했던 위세를 떨친 그리스도교는 지금 유럽(독일)에서 그 교세가 예전만 못하다. 수도원은 지원자가 없다 보니 젊은 수련수도사들을 거의 찾을 수 없다. 필자는 독일에 있을 때에 몇몇 수도원에 머무르며 그들의 기도시간에 함께 참석해 보았는데, 수도자 대부분이 노인이라 합창 소리에 힘이 없고 왠지 서글픔까지 느껴질 정도였다. 그 옛날 우렁찼던 젊은 수도자들의 기도 소리는 다 어디로 사라져 버렸을까?

또한 유럽에서는 현재 그리스도교 이전의 옛 종교들이 다시 부활하고 있는 추세이며, 게르만족의 전통종교인 위카와 드루이덴Druiden/Druidentum과 관련된 연구논문이 매년 학위논문으로 쏟아져 나오고 있다.

그렇다고 유럽(독일)인들이 종교 자체를 부정하는 것은 아니다. 성탄절이나 부활절에는 교회(구교+신교)를 나가는 사람도 많고 그리스도교 외에도 다른 종교 – 주로 불교 – 를 찾거나 그리스도교 이전의 옛 종교에 관심을 기울이고 있는 모습을 보면 사람들이 종교에 대한 관심을 아주 내려놓은 것 같지는 않다. 왜 이렇게 되었을까? 이처럼 그리스도교가 위축된 데는 여러 가지 이유가 있겠지만, 필자는 중세의 잔혹한 마녀사냥 때문에 사람들이 그리스도교에 대해 두려움을 넘어 종교 그 자체를 피하게 된 것은 아닌지 생각해 본다.

이 책을 읽는 독자들은 책을 덮을 즈음 강한 의문에 부딪힐 것이다. 심할 경우 혐오감에 몸서리를 칠지도 모르겠다. 종교라는 이름 아래 사람이 사람을 어떻게 이처럼 잔인하게 죽음에 내몰 수 있었단 말인가? 중세 종교 수장들의 판단도 이해할 수 없기는 마찬가지다. 어떻게 사람이 빗자루를 타고 하늘을 날았다고 단정한 것일까? 사람이 마귀와 성적인 교합을 했다는 것도, 중세 학자들이 내놓은 갖가지 기이한 학설 등도 지금의 시각으로는 모두 이해하기 어렵다. 그러나 그리스도교가 절대적 가치를 지니고 선악의 이분법으로 모든 것을 판단하던 중세 유럽이었기 때문에 지금의 시각으로 옳고 그름을 판단하는 것은 어렵지 않을까 하는 것이 필자의 개인적인 생각이다. 다만 후세인의 한 사람으로서, 객관적인 시선으로 꾸준한 연구를 통해 당시를 복원하여 잘못된 역사를 반성하는 일만은 잊지 말아야겠다는 생각을 한다.

또한 지금 우리 곁에도 종교의 이름으로 여전히 이런 유사한 잘못을 저지르는 경우는 없는지 살펴보아야 할 것이다. 비단 그리스도교뿐만 아니라 종교에 대해 좋지 않은 비판이 여기저기서 터져 나오고 있는 요즈음이다. 만약 인간의 영혼을 위로하고 선한 사회 만들기에 앞장서야 하는 종교의 순기능은 져버리고 자신들의 사리사욕만 일삼는 종교라면, 우리는 과감히 이를 바로잡는 데 앞장서야 할 것이다.

:: 참고저서

- 조흥윤,『무와 민족문화(개정판)』, 한국학술정보, 2004
- J. 임바흐,『경건한 믿음과 민속사의 성인숭배』, 뷔르츠부르크, 1999
- G. 폴트만 그리고 다른 저자들,『1676년에 일어난 이드슈타인의 마녀사냥』, 이드슈타인, 1986.
- H.- J. 볼프,『마녀공포. 역사적인 마녀와 현재의 마녀』, 빈드라흐, 1994
- W. 베링거(발행인),『독일에서 일어난 마녀와 마녀사냥』, 뮌헨, 2001,
- M, 케리겐,『고문기구들』, 쾨니히빈터, 2003
- K. 바쉬비쯔,『마녀와 마녀사냥. 대중적인 망상의 역사적 의미』, 뮌헨, 1994
- C. 피아트,『마녀화형, 7세기를 거친 마녀사냥』, 프라이부르크, 1998
- W. 쉴트,『중세의 고문대, 참수대, 교수대』, 뮌헨, 2010
- S. 에버레트,『노예들의 역사』, 아우크스부르크, 1998
- R. 뒬멘(발행인),『마녀의 세계』, 프랑크푸르트, 1987
- W. 베링거,『유럽의 마녀재판과 마녀사냥, in R. 뒬멘(발행인)』『마녀의 세계』, 프랑크푸르트, 1987
- M. V. 페레알,『마녀재판의 비밀』, 쾰른, 2005
- P. 딘젤바허,『성녀와 악녀, 특수한 여자들의 운명』, 뒤셀도르프, 2001
- H.크라머,『마녀망치』, 뮌헨, 2007
- L. 로페어,『박해의 역사』, 뮌헨, 2007
- K. 라우,『아우크스부르크의 어린이 마녀재판, 1625-1730』, 빈, 쾰른, 바이마르, 2006
- www.google.de

중세의 잔혹사 마녀사냥

신의 심판인가 광기의 학살인가? 마녀사냥의 허구와 진실

1판 1쇄 발행 2015년 1월 9일
1판 2쇄 발행 2016년 4월 15일

지은이	양태자
펴낸이	이영희
편집	이소정
펴낸곳	도서출판 이랑
주소	서울시 마포구 독막로 10 (합정동 373-4 성지빌딩) 608호
전화	02-326-5535
팩스	02-326-5536
이메일	yirang55@naver.com
페이스북	www.facebook.com/yirang5535
등록	2009년 8월 4일 제313-2010-354호

ISBN 978-89-98746-08-7 (03920)

「이 도서의 국립중앙도서관 출판시도서목록(CIP)은 서지정보유통지원시스템 홈페이지(http://seoji.nl.go.kr)와
국가자료공동목록시스템(http://www.nl.go.kr/kolisnet)에서 이용하실 수 있습니다.
(CIP제어번호: CIP2014036776)」